GLI SPILLI FI

Gli spilli fissano le idee. Con questo slogan Alpha Test mette a disposizione una collana di libri tascabili, utili per lo studio e il ripasso delle principali materie di studio della scuola superiore e dei primi anni di università. Con oltre 180 titoli pubblicati, la collana offre strumenti di preparazione sintetici dedicati sia alle discipline scientifiche (Matematica, Fisica, Biologia, Chimica, Geometria, Scienze della Terra ecc.) sia a quelle umanistiche (Filosofia, Francese, Inglese, Latino, Letteratura Italiana, Storia, Storia dell'Arte, Tedesco ecc.). Accanto alle tradizionali **sintesi**, sono disponibili anche i **glossari** (Biologia, Chimica, Anatomia, Diritto, Economia e finanza ecc.), le **monografie** (Storia della civiltà romana, Storia della I guerra mondiale, Storia degli Stati Uniti d'America, I diritti umani, Alimentazione, Evoluzione ed evoluzionismo, Lo sviluppo sostenibile ecc.) e una serie di **eserciziari** (Esercizi di Chimica 1 e 2, Esercizi di Matematica 1, 2 e 3 ecc.).
Realizzata con la collaborazione di insegnanti e docenti universitari, la collana è frutto dell'esperienza più che decennale maturata nei settori dell'orientamento e della formazione da Alpha Test, da sempre attenta alle esigenze degli studenti e ai cambiamenti che interessano da vicino il mondo della scuola, dell'università e della formazione in genere.

INGLESE

edizioni
Alpha Test

Via Mercalli 14, 20122 Milano (Italy)
Tel. 02 5845981 – fax 02 58459896
www.alphatest.it
servizi@alphatest.it

ISBN 978-88-483-1644-6

Gennaio edizione: gennaio 2014
Prima edizione: marzo 2000
Ristampa:
6 5 4 3 2 1 2014 2015 2016 2017 2018 2019 2020

Progetto grafico, composizione e impaginazione: Alpha Test S.r.l., Milano
Copertina di Andrea Morando e Katia Lerario

Stampato da Arti Grafiche Franco Battaia S.r.l., Zibido San Giacomo (MI)
per conto di Alpha Test S.r.l.
nel gennaio 2014

INDICE

INTRODUZIONE

Questo volume si rivolge agli studenti delle scuole medie superiori o a chiunque intenda studiare, ripassare o scoprire le regole e le particolarità della lingua inglese.

Nel capitolo introduttivo sono analizzate le regole principali della fonetica e tutti i possibili suoni vocalici e consonantici; viene illustrata l'ortografia essenziale dell'inglese e le differenze di spelling, lessico e grammatica con l'americano.

Nel secondo capitolo è analizzata la morfologia e tutte le parti del discorso variabili e invariabili, e un apposito capitolo, a seguire, è appositamente dedicato ai verbi e alle loro particolarità.

Quanto alla sintassi, il quarto capitolo spiega le strutture tipicamente anglosassoni e le regole per la costruzione, la coordinazione e la subordinazione delle frasi, aiutando così ad affrontare la traduzione da e verso l'inglese; sono inoltre illustrate le espressioni più comuni dell'inglese, le costruzioni idiomatiche, le frasi di uso quotidiano ed espressioni frequenti anche nel linguaggio parlato.

L'Appendice finale raccoglie un elenco dei verbi irregolari e fraseologici più comuni, oltre a un'utile sitografia di riferimento per chi studia l'inglese.

Ogni argomento è stato trattato con semplicità e inserito nel volume in funzione delle principali difficoltà riscontrate dagli studenti.

Nella collana "Gli Spilli" sono presenti i seguenti titoli di argomento affine a quello del presente volume: *Inglese in pratica 1, Inglese in pratica 2, Inglese in pratica 3, Inglese in viaggio, I verbi inglesi, Eserciziario dei verbi inglesi, Inglese commerciale, Conversiamo in inglese, Socializziamo in inglese, Gli errori degli italiani che studiano inglese.*

Nella scelta e nella trattazione degli argomenti, **Francesca Desiderio**, già autrice di pubblicazioni divulgative e didattiche in ambito linguistico, si è basata sulla propria esperienza di traduttrice e di docente.

I volumi per lo studio delle lingue pubblicati nella collana "Gli Spilli" sono curati dalla stessa dott.ssa **Francesca Desiderio**.

Il parere dei lettori è importante

Per continuare a migliorare la qualità delle proprie pubblicazioni, Alpha Test considera estremamente prezioso il parere dei propri lettori. Le chiediamo pertanto la cortesia di esprimere un giudizio su questo libro nell'apposita sezione "Valuta un libro" del sito www.alphatest.it. Per ogni valutazione ricevuta Alpha Test devolverà 2 euro a **Medici Senza Frontiere** o ad altra organizzazione non governativa con finalità umanitarie; in alternativa il lettore potrà scegliere di beneficiare di un **buono sconto** per l'acquisto di libri direttamente dal sito alphatest.it.

Per informazioni aggiornate sui libri di Alpha Test i lettori possono visitare il sito internet www.alphatest.it o richiedere il catalogo gratuito a:

Alpha Test S.r.l.
via Mercalli, 14 – 20122 Milano
tel. 025845981 – fax 0258459896
servizi@alphatest.it

Simboli utilizzati nel testo

☞ **Esempi**

1 INTRODUZIONE ALLA LINGUA

1.1 Diffusione

L'inglese è la lingua più diffusa al mondo per numero di parlanti totali (madrelingue e non); infatti, è prima o seconda lingua in moltissimi Paesi ed è compresa ovunque.[1]

Nel XIX secolo l'Impero britannico raggiunse la propria massima estensione, portando la lingua nazionale a conoscenza delle popolazioni dei cinque continenti. Nel corso del XX secolo, furono gli Stati Uniti a decretare definitivamente l'importanza, se non la necessità, dell'inglese come lingua internazionale del commercio, della tecnologia e delle scienze.

L'inglese è la lingua nativa, nazionale o madre nei Paesi del Regno Unito (Inghilterra, Scozia, Galles e Irlanda del Nord), in Irlanda, negli Stati Uniti d'America, in Canada, in Australia, in Nuova Zelanda, in Sudafrica, e seconda lingua, detta "ufficiale", in molti Paesi del Commonwealth o ex colonie britanniche, come l'India e diversi Paesi di Asia, Oceania (Bangladesh, Isole Cook, Figi, Filippine, Hong Kong, Kiribati, Nauru, Pakistan, Palau, Papua Nuova Guinea, Samoa Occidentali, Singapore, Isole Salomone, Tuvalu, Vanuatu) e Africa (Botswana, Camerun, Gambia, Ghana, Kenya, Lesotho, Malawi, Mauritius, Namibia, Nigeria, Palau, Papua Nuova Guinea, Seychelles, Sierra Leone, Sudan del Sud, Swaziland, Tanzania, Uganda, Zambia e Zimbabwe).

Oggi esistono numerose varietà di inglese, basate sulle differenze di lessico e di ortografia tra i vari Paesi anglofoni. I dizionari e le grammatiche prodotti in Europa, così come questo eserciziario, presentano la varietà *British*, sebbene anche quella *American* sia estremamente diffusa.

1.2 Osservazioni generali

Da secoli confluiscono nell'inglese elementi di diverse lingue del mondo, che l'hanno resa un crogiolo di parlate, lessici, terminologie più o meno settoriali. Il processo di assorbimento di altri sistemi lessicali ha raggiunto il suo apice alla fine del XVI secolo, in piena età Rinascimentale, quando la lingua inglese, già condizionata da latino e francese, si è aperta all'italiano e allo spagnolo. Un tipico aspetto del lessico inglese, infatti, è la presenza di due forme espressive parallele, la prima di matrice anglosassone, la seconda di origine latina. Durante il Colonialismo, inoltre, le influenze delle parlate locali e dei dialetti delle singole colonie britanniche (dall'Africa all'India) sono state notevoli sul piano lessicale.

---

1 Con ciò si intende la diffusione in varie aree geografiche del pianeta. Se si considera il numero di parlanti madrelingua, invece, la prima lingua al mondo è il cinese, la seconda è lo spagnolo, e la terza, quindi, l'inglese.

Oggi, grazie anche a una sintassi semplice, l'inglese è una lingua straordinariamente elastica, pronta a cambiamenti continui, a seguire l'evoluzione tecnologica, sociale e dei costumi.

Da un punto di vista grammaticale, l'inglese è una lingua particolarmente sintetica: coniugazioni e flessioni, soprattutto, hanno subito nel tempo semplificazioni continue. Tutt'oggi, il fatto che l'inglese sia parlato da milioni di persone nel mondo lo sottopone, suo malgrado, a ulteriori semplificazioni grammaticali e di sintassi, e la facilità con cui la si può apprendere ne giustifica lo status di lingua internazionale. La pronuncia rappresenta una delle sue difficoltà, poiché in molti casi non segue regole precise e l'articolazione leggermente diversa di un suono in una parola può comprometterne la comprensione.

1.3 Fonetica e pronuncia

Il primo aspetto che colpisce dell'inglese è l'evidente contrasto tra grafemi e fonemi, ovvero tra il modo in cui una lettera, una sillaba o una parola viene scritta (ortografia) e quello in cui bisogna pronunciarla (pronuncia).

L'alfabeto inglese è formato da 26 lettere, la cui pronuncia viene qui di seguito trascritta in alfabeto fonetico internazionale.

ALFABETO	PRONUNCIA	ALFABETO	PRONUNCIA
a	ei	n	en
b	bi:	o	ou
c	si:	p	pi:
d	di:	q	kju:
e	i:	r	a:
f	ef	s	es
g	dʒi:	t	ti:
h	eitʃ	u	ju:
i	ai	v	vi:
j	dʒei	w	ˈdʌblju:
k	kei	x	eks
l	el	y	wai
m	em	z	zed

Caratteristica dell'inglese è l'inesistenza di accenti che facilitino la corretta pronuncia di una parola. Ogni lettera ha un suono diverso in base alla vocale o alla consonante vicina, tanto che una leggera variazione di suono può compromettere la comprensione di una parola.

L'accento che di norma viene insegnato in Europa è il cosiddetto RP o *Received Pronunciation*, ovvero l'accento del *British English* dell'Inghilterra meridionale (dove si trovano le più antiche città sedi della politica e della cultura inglesi).

Si riportano di seguito le lettere dell'alfabeto fonetico internazionale che traducono le diverse possibili pronunce delle vocali, delle consonanti e degli incontri più ricorrenti fra esse.

SUONI VOCALICI		**SUONI CONSONANTICI**	
ɑ:	start, heart, carton	b	bread
æ	act, calendar, land	d	dad
aɪ	cry, dive, wife	f	fire
aɪə	fire, wire, violet	g	great
aʊ	loud, out	h	house
aʊə	hour, flower	j	loyal
ɛ	jet, pen, bread	k	key
eɪ	plain, shave, shade	l	leg
ɛə	hair, wear	m	mouse
ɪ	wind, hit	n	noon
i:	leaf, cheap	p	pipe
ɪə	clear, hear	r	read
ɒ	block, lock, dog	s	study
əʊ	hold, zone, boat	t	text
ɔ:	lord, cord	v	vet
ɔɪ	toilet, oil	w	wood
ʊ	would, book	x	blocks
u:	you, moon	z	zebra
ʊə	security, ensure	ʃ	sheet
ɜ	bird, word	ʒ	pleasure
ʌ	ugly, cup, umber	ŋ	bring

SUONI VOCALICI		SUONI CONSONANTICI	
ə	again, suggest, movable	tʃ	chat
		θ	think
		ð	the
		dʒ	jet

1.4 Ortografia

A differenza dell'italiano, l'inglese non si legge come si scrive e un suono può essere trascritto in più modi (così come esistono varie possibili pronunce per un medesimo gruppo di vocali o consonanti). Inoltre, esistono precise regole sull'uso dell'iniziale maiuscola, del trattino tra due parole e delle desinenze. Per esempio:

- si scrivono con la maiuscola:

  i nomi dei giorni della settimana, dei mesi, di nazionalità (nomi o aggettivi), dei pianeti: *Thursday*, *September*, *French*, *Venus*;

  i quattro punti cardinali quando fanno parte del nome di un luogo: *the Far West, North America*;

  i nomi delle professioni quando sono usati come titoli: *Professor Smith*;
- il trattino che separa due parole (*hyphen*) viene comunemente usato:

  negli aggettivi composti: *blond-haired*, *black-eyed*;

  quando una serie di parole funge da aggettivo di un sostantivo: a *mid-summer day*, *a ten-year-old child;*

  nei nomi composti da due sostantivi (l'uso dell'*hyphen* è comunque facoltativo): *note-book*, *make-up*.

1.4.1 Spelling e pronuncia

Di seguito viene illustrata la corretta pronuncia delle consonanti (e gruppi consonantici) e delle vocali (e gruppi vocalici).

Suoni consonantici

- I gruppi consonantici *-ck* e *-tch* oppure *-k* e *-ch* al termine di una parola corrispondono ai suoni /k/ e /tʃ/, come nel caso di *catch*, *lock*, *neck*; oppure come in *break*, *peach*, *march*;
- *sh* corrisponde al fonema /ʃ/, come in *shower*, *dish*;
- *th* corrisponde al suono /θ/, come in *thing*, *theft*, oppure a /ð/, come in *then*;
- *j* corrisponde al suono /dʒ/, come in *justice*;
- il suffisso *-ed* dei participi passati crea il suono /d/ come in *rushed*, *opened*, *loked*, *knocked*, o /t/ come in *helped*, *locked*, *dropped*, *escaped*.

Suoni vocalici

- il fonema /æ/caratterizza la vocale *-a* tra due consonanti, come in *stand, standard, van, mad, match*;
- il fonema /e/ è tipico della vocale *-e* tra due consonanti, come in *red, west, when*;
- il fonema /ʌ/ identifica la *-u* tra due consonanti, come in *mud, much, cup*, oppure i gruppi *-o, -ough, -oo*, come in *mother, young, rough, flood*;
- il suono /i:/ caratterizza *-ee, -ea, -e, -i, -ie, -ey* come in *green, tea, be, police, believe, key*. Il dittongo *-ei* può essere pronunciato /i:/ come in *receive, field*, oppure /eɪ/ come in *reign, veil*; nella parola *foreign* il dittongo si legge /ɪ/. Il dittongo -ie- si legge /ɛ/ in *friend*. Il dittongo *-ea-* può essere letto /ɪ/ come in *tea*, o /ɛ/ come in *bread*;
- il suono /ə/ è tipico della *a-* all'inizio di una parola, come in *away, along*, o delle finali *-ure, -er, -or*, come in *picture, writer, doctor*;
- il fonema /ɔ:/ caratterizza la *-a-* in *small, tall*, oppure i gruppi *-or-, -oar, -aw, -oor, -our, -ar* come nelle parole *horse, board, law, door, flour, quarter*;
- il suono /əʊ/ caratterizza la *-o-* tra due consonanti o seguita da *-a, -u* come in *notice, low, show, coast, shoulder*.

All'inizio di una parola:

- *ps-, pn-* e *pt-* si pronunciano /s/, /n/ e /t/, come in *psychology, pneumatic*;
- *wh-* si pronuncia /h/, come in *who, which*, oppure /w/ come in *what, where*;
- *wr-* si pronuncia /r/, come in *write*;
- *h-* iniziale di *honest, honour, hour, heir* resta muta;

Alla fine di una parola:

- *-stle* e *-sten* si pronunciano /sl/ e /sn/, come in *whistle*;
- *-gn* si pronuncia /n/, come in *foreign, sign*;
- *-re* si legge /ə(r)/, come in *centre*;
- *-ered* si pronuncia /əd/, come in *whispered*.

1.4.2 Prefissi e suffissi

I prefissi e i suffissi sono quelle lettere o gruppi di lettere che, anteposti o posposti a una parola, ne creano una nuova con particolari sfumature di significato. Prefissi e suffissi intervengono nella formazione di sostantivi, verbi, aggettivi e avverbi.

I prefissi

Per esprimere un concetto opposto a quello espresso da una parola si antepone **de-**: *to decode, to dehydrate* (decodificare, disidratare).

Per esprimere una condizione di insufficienza, di ordine inferiore o di posizione sottostante a qualcosa si premette **under-**: *undernourishiment, undersecretary, underground* (denutrizione, sottosegretaria, sottosuolo).

Per attribuire valore peggiorativo si premette **mis-**: *misunderstanding, misjudge* (malinteso, giudicare male).

Per esprimere l'eccesso si premette **over-**: *overloaded, overpriced* (sovraccarico, troppo costoso).

Per formare il contrario di una parola si possono premettere i suffissi **dis-**, **il-**, **im**, **in-**, **non-**, **un-**: *to discourage, illogical, imperfect, informal, nonsense, unkind* (scoraggiare, illogico, imperfetto, informale, assurdità, brutale).

Per esprimere l'opposizione si premette **counter-**: *to counterbalance* (controbilanciare); per esprimere una situazione antecedente o posizione di primo piano si usa il prefisso di origine latina **ante-**: *antediluvian, anteroom* (antidiluviano, anticamera), oppure **pre-** (ancora latino): *precondition* (requisito); il concetto contrario è espresso premettendo **post-**: *post-war* (dopoguerra).

Per ripetere il concetto si premette **re-**: *to reorganize* (riorganizzare).

Per indicare l'eccesso o una posizione esterna si premette **out-**: *to outweight, outdoor* (essere in sovrappeso, all'aperto).

Per esprimere previsione o anticipazione si premette **fore-**: *to forecast, to forerun* (prevedere, precorrere).

Un altro prefisso latino è **auto-**, che significa *da sé*: *automatic, autoreverse* (automatico, reversione automatica).

L'accrescitivo si rende premettendo i prefissi latini **extra-**, **super-**, **ultra-**: *extrastrong, superman, ultraviolet* (super forte, superuomo, ultravioletto).

Altri prefissi latini usati sono **ex-** (per esprimere ciò che non è più; **former** è l'aggettivo anglosassone corrispondente), **inter-** (per significare un rapporto tra più elementi), **trans-** (oltre): *ex-wife, international, to transform* (ex moglie, internazionale, trasformare).

I suffissi

I suffissi sono più numerosi dei prefissi e anch'essi concorrono alla formazione di nomi, aggettivi, verbi, avverbi.

Sostantivi

Per definire una professione si aggiungono **-er**, **-or**, **-ant**, **-ent**: *teacher, doctor, assistant, president* (insegnante, dottore, segretario, presidente); le professioni in campo artistico e scientifico si esprimono con i suffissi **-(ic)ian**, **-ist**: *musician, historian, scientist*; il femminile viene definito da **-ess**: *waitress* (cameriera).

Nella definizione dei ruoli tra chi dà e chi riceve, il primo termina con il suffisso **-er**, il secondo **-ee**: **employer**, **employee** (datore di lavoro, impiegato).

Per esprimere la funzione si aggiunge **-er**, **-or**: *fire-extinguisher*, *elevator* (estintore, ascensore).

I diminutivi si formano aggiungendo **-let(te)**: *booklet* (opuscolo).

I sostantivi astratti possono terminare con **-al**, **-ance**, **-ancy**, **-dom**, **-ence**, **-ency**, **-(e)ry**, **-ful**, **-hood**, **-i(e)ty**, **-ing**, **-ism**, **-ment**, **-ness**, **-ship**, **-sion**, **-tion**, **-ty**: *arrival*, *abundance*, *redundancy*, *kingdom*, *negligence*, *consistency*, *slavery*, *handful*, *brotherhood*, *writing*, *criticism*, *bewilderment*, *weakness*, *leadership*, *conclusion*, *position*, *liberty* (arrivo, abbondanza, eccedenza, regno, negligenza, coerenza, schiavitù, manciata, fratellanza, scrivere, critica, smarrimento, debolezza, guida, conclusione, posizione, libertà).

Aggettivi

Per attribuire l'idea di capacità o possibilità si aggiugono **-able**, **-ible**: *suitable*, *responsible* (adatto, responsabile).

L'appartenenza a una categoria o disciplina si rende aggiungendo **-(c)al**, **-ic**: *political*, *scientific* (politico, scientifico).

La materia o la qualità si precisano con **-en**: *golden*, *wooden* (d'oro, di legno);

per sottintendere *pieno di* si aggiunge **-ful**: *beautiful*, *wonderful* (bellissimo, meraviglioso).

Altre qualità sono conferite dai suffissi **-(u)ous**, **-ive**, **-y**: *continuous*, *deceptive*, *silly* (progressivo, ingannevole, sciocco).

Per attribuire la mancanza, l'assenza si aggiunge **-less**: *ruthless* (senza scrupoli).

Altri suffissi sono **-ish**, che esprime un'idea di superficialità, e **-ly**: *feverish*, *weekly* (febbricitante, settimanale).

Verbi

I suffissi più comuni per creare un verbo sono **-en**, **-ify**, **-ize**, **-ise**: *to threaten*, *to simplify*, *to realize*, *to advise* (minacciare, semplificare, accorgersi/realizzare, consigliare). Il gerundio dei verbi si forma aggiungendo il suffisso **-ing**; questo può comportare un cambiamento ortografico della forma base del verbo:

- se il verbo termina con *e* muta, la *e* viene omessa: *coming*, *writing*;
- i verbi monosillabici e bisillabici che terminano con una consonante preceduta da una vocale raddoppiano la consonante (a eccezione dei monosillabici terminanti in -x e -w): *putting*, *travelling*;
- la -l finale raddoppia sempre se preceduta da una sola consonate: *spelling*;
- i verbi terminanti in *-c* prendono la *k*: *picnicking*;
- il dittongo finale *-ie* si trasforma in *-y*: *dying*.

Avverbi

Il suffisso che normalmente caratterizza un avverbio è **-ly**, che viene aggiunto all'aggettivo: *easily*, *frankly* (facilmente, francamente).

Per indicare la direzione si aggiunge **-ward(s)**: *straightforward* (dritto).

Per esprimere il modo si aggiunge **-wise**: *likewise* (similmente).

1.4.3 Contrazioni

In inglese le forme contratte o abbreviate sono usate correntemente, sebbene sia preferibile evitarle nel linguaggio scritto formale.

Le contrazioni si effettuano tra i pronomi personali soggetto e i verbi ausiliari, o tra i verbi ausiliari e la parola *not*: nel primo caso l'apostrofo è seguito dall'ultima o dalle ultime due lettere del verbo; nel secondo caso cade la *o* della parola *not*. Questo comporta ovviamente un cambiamento nella pronuncia:

☞ ***You've*** **got a nice bag (*ju:v*).** – Hai una bella borsa.
His house *isn't* so cosy (*iznt*). – La sua casa non è così accogliente.

Quanto ai verbi ausiliari, le abbreviazioni interessano:

- le tre coniugazioni del presente del verbo *to be*: *'m*, *'re*, *'s* (*I'm*, *you're*, *he's*);
- il verbo *to have* alle due forme del presente e al passato: *'ve*, *'s*, *'d* (*I've*, *she's*, *we'd*);
- l'ausiliare *will* o *shall*: *'ll* (*we'll*);
- gli ausiliari *would*, *should*: *'d* (*they'd*);

Queste contrazioni sono frequenti anche con gli avverbi *here*, *there*, *when*, *where* e con i pronomi *that*, *who* e *what*.

Quanto all'abbreviazione con il *not*, sono coinvolti quasi tutti i verbi ausiliari (*to be*, *to have*, *to do*, *can*, *could*, *must*, *might*, *need*, *should*, *would*): *didn't*, *wasn't*, *mightn't* ecc. Per *will* e *shall* l'abbreviazione è *won't* e *shan't*.

1.4.4 British English e American English

Le varietà dell'inglese moderno sono diverse e corrispondono alle evoluzioni subìte dall'inglese nelle ex colonie britanniche (principalmente negli Stati Uniti, in Sud Africa, in Australia e in India). Ciò nonostante, le varianti più diffuse sono il *British English* e l'*American English*.

Le differenze fondamentali tra queste due varianti riguardano l'ortografia, la pronuncia, l'uso dei tempi e dei modi verbali, la coniugazione di alcuni verbi, alcune scelte sintattiche e il lessico. Ne riportiamo le principali.

Spelling

Nell'*American English*:

- non esiste la variante *-ise* per i verbi che nel British English terminano anche in *-ize*;
- le parole che nel British English terminano in *-tre*, terminano in *-ter* (*theater*);
- le parole che nel British English finiscono in *-our*, terminano in *-or* (*color*);
- le parole che nel British English finiscono in *-ogue*, terminano in -og (*dialog*);
- le parole che nel British English finiscono in *-mme*, terminano in *-m* (*program*);
- le parole che nel British English finiscono in *-ce*, terminano in *-se* (*practise*).

Grammatica

Quanto alle regole di grammatica, nell'*American English*:

- si preferisce l'uso del *simple past* al *present perfect*;
- si attribuisce al verbo *to have* l'ausiliare *do*;
- esistono paradigmi diversi per il verbo *to get* (*get*, *got*, *gotten*), *to learn* e *to dream* (coniugati come verbi regolari);
- gli avverbi terminanti in *-ly* hanno anche funzione di aggettivo;
- si usa *like* al posto di *as if*;
- alcuni verbi sono seguiti da preposizioni diverse da quelle usate nel British English (*to meet with someone*).

Lessico

Nelle due varianti dell'inglese, capita che gli stessi concetti siano espressi con parole del tutto diverse. Nella tabella seguente vengono riportati alcuni esempi.

ITALIANO	BRITISH ENGLISH	AMERICAN ENGLISH
appartamento	flat	apartment
bar	pub	bar
taxi	taxi	cab
lattina	tin	can
caramelle	sweets	candies
biscotti	biscuits	cookies
matto	mad	crazy
ascensore	lift	elevator
gomma	rubber	eraser
autunno	autumn	fall
autostrada	motorway	expressway
benzina	petrol	gas
bidello	caretaker	janitor
cassetta delle lettere	postbox	mailbox
film	film	movie

ITALIANO	BRITISH ENGLISH	AMERICAN ENGLISH
pantaloni	trousers	pants
patatine	crisps	potato chips
calendario, orario	timetable	schedule
marciapiede	pavement	sidewalk
negozio	shop	store
rotonda	roundabout	traffic circle
spazzatura	rubbish	trash
vacanza	holiday	vacation

2 MORFOLOGIA

La morfologia è quella parte della grammatica che studia le forme e le funzioni delle parole, classificandole in categorie grammaticali (articoli, sostantivi, aggettivi, verbi ecc.). Pertanto, in questo capitolo vengono esaminate le parti variabili del discorso, le relative flessioni e derivazioni (genere, numero, aggettivazione, sostantivazione ecc.), nonché le parti invariabili del discorso (preposizioni, congiunzioni, avverbi) che concorrono alla formazione della frase. Al verbi è dedicato il capitolo seguente.

2.1 Articoli

2.1.1 Articolo determinativo

L'articolo determinativo che vale per il singolare, il plurale, il femminile, il maschile e il neutro è **the**.

☞ **The table has four legs.** – Il tavolo ha quattro gambe.

L'articolo determinativo **si esprime**:

- davanti a sostantivi che indicano entità uniche: *the sun*, *the moon*, *the present*;
- davanti agli aggettivi sostantivati che indicano una categoria: *the poor*, *the kind-hearted*;
- davanti ai nomi collettivi riferiti a istituzioni: *the State*, *the Church*;
- davanti ai superlativi e agli aggettivi numerali ordinali: *the best*, *the first time*;
- davanti agli appellativi o nomi di professioni usati in luogo dei nomi propri: *the General*, *the President*;
- davanti ai nomi di strumenti musicali: *the guitar*, *the pipe*;
- con i punti cardinali: *the Est*, *the North*;
- con i nomi di mari, fiumi, catene montuose, isole, nazioni espressi al plurale: *the Atlantic Ocean*, *the Thames*, *the Alps*, *the Orkneys*, *the United States*;
- con *seaside*, *country(side)*, *mountain(side)*, *city*;
- con i nomi di riviste, giornali e luoghi pubblici (bar, ristoranti, aberghi, musei ecc.): *the Times*, *the Excelsior Hotel*, *the National Gallery*;
- davanti ai nomi che definiscono i periodi storici: *the Renaissance*, *the Middle Age*.

L'articolo determinativo **si omette**:

- davanti a sostantivi che non vengono definiti dal contesto;

Students get their final diploma at 18 years of age. – Gli studenti conseguono il diploma a 18 anni.

Children love candies and toys. – I bambini amano le caramelle e i giocattoli.

- davanti ai sostantivi che definiscono le lingue, i colori, le arti, gli sport: *French*, *red*, *sculpture*, *soccer*;
- davanti ai sostantivi riferiti a giorni, mesi e festività: *Monday*, *February*, *Christmas*;
- con i nomi di continenti, stati, laghi, montagne, isole al singolare: *Asia*, *Germany*, *Lake Garda*, *Mont Blanc*, *Japan*;
- con i sostantivi *man*, *woman*, *people*, *society*, gerundi e sostantivi astratti: *smoking*, *freedom*, *honesty*;
- con i titoli seguiti da nomi propri: *President Clinton*;
- con i nomi di vie, strade, piazze, ponti, stazioni, aeroporti, parchi: *Fifth Avenue*, *London Bridge*, *Victoria Station*, *Heathrow*, *Central Park*;
- con i sostantivi indicanti le parti del corpo o gli oggetti posseduti (*the* viene sostituito dall'aggettivo possessivo): *your leg*, *my coat*;
- con i sostantivi *church*, *hospital*, *prison*, *school*, *sea*, *university*, *work* quando ci si riferisce alla loro funzione; tuttavia, quanto se ne parla relativamente al luogo, allora l'articolo va premesso:

If you want to become a lawyer you have to study at university. – Se vuoi diventare avvocato devi studiare all'università.

She's going to the university to meet her boyfriend. – Sta andando in università per incontrare il suo ragazzo.

- con i sostantivi indicanti mezzi di trasporto: *by bus*, *by train*.

2.1.2 Articolo indeterminativo

L'articolo indeterminativo singolare che vale per il femminile, il maschile e il neutro è ***a*/*an***: *a* precede i sostantivi che iniziano per consonante, *h* aspirata e i suoni *ju*/*ja* (*uniform*, *useful*, *young*); *an* precede i sostantivi che iniziano per vocale o *h* muta (*honour*, *heir*, *honest*, *hour*).

I read a book. – Ho letto un libro.

He arrived an hour later. – È arrivato con un'ora di ritardo.

L'articolo indeterminativo si usa:

- davanti ai sostantivi numerabili (*countable*) singolari: *a book*, *an elephant*;

- dopo il verbo *to be* per introdurre il predicato nominale o una professione: *it's a nice film*; *he's a doctor*;
- davanti ai nomi concreti al singolare per indicare la categoria: *to write on paper*;
- dopo *as* per intendere *in qualità di*: *as a lawyer*;
- davanti ai nomi propri con il significato di *un certo, un tale*: *a Mrs White*;
- con il significato di "a" nelle espressioni di tempo, quantità, prezzo, peso, misura: *once a year*, *two pounds a kilo*;
- dopo *half*, *such*, *quite*, *what*: *half an hour later*; *such a good boy*;
- dopo *to have* per precisare lo stato di salute o l'attività svolta:

  to have a cold/temperature/cough/headache/sore throat;

  to have a chat/walk/nap/sleep/talk/rest/bath/shower;
- in numerose espressioni idiomatiche come: *as a rule* (di norma), *as a result* (di conseguenza), *as a matter of fact* (infatti), *to be at a loss* (essere imbarazzato), *to be in a good/bad temper* (essere di buono/cattivo umore), *to earn a living* (guadagnarsi da vivere), *to have a flair for* (avere predisposizione per), *in a short time* (fra breve), *to make a career* (fare carriera), *to take an interest in* (interessarsi di) ecc.

2.2 Nomi

In questo paragrafo saranno illustrate le principali tipologie di nomi: sostantivi numerabili e non, collettivi, difettivi, aggettivati e composti. Infine, si accennerà anche ai "falsi amici", ovvero quei sostantivi che, sebbene molto simili nell'ortografia a quelli italiani, hanno un significato differente.

2.2.1 Genere

In inglese non esiste distinzione fra genere femminile e genere maschile; esistono però sostantivi per il femminile e sostantivi per il maschile di una stessa categoria: *man-woman*, *king-queen* ecc.

2.2.2 Plurale

Normalmente, per formare il plurale dei sostantivi basta aggiungere una *-s*: *students*, *books*, *houses* ecc; vi sono alcune semplici eccezioni:

- ai sostantivi terminanti in *-s, -ss, -ch, -sh, -x, -z, -o* (a eccezione delle parole di origine diversa dal quella inglese) si aggiunge *-es*: *churches*, *boxes*, *brushes*, *potatoes* ecc;
- ai sostantivi terminanti in *-y* si aggiunge *-s* se *-y* è preceduta da vocale, come nel caso di *boy-boys*, *e -ies* (al posto della -y) se *-y* è preceduta da consonante, come nel caso di *lady-ladies*;
- i sostantivi terminanti in *-f* o *-fe* formano il plurale in *-ves*: *life-lives, leaf-leaves* ecc;
- alcuni sostantivi cambiano radicalmente: *child-children*, *foot-feet*, *tooth-teeth*, *man-men*, *woman-women*, *mouse-mice*;

- i sostantivi di origine latina mantengono il plurale latino: *datum-data*, *medium-media*, *stimulus-stimuli*;
- i sostantivi di origine greca mantengono il plurale greco: *analysis-analyses*, *basis-bases*, *crisis-crises*, *criterion-criteria*, *phenomenon-phenomena*, *thesis-theses*;
- i sostantivi composti prendono la *s* all'ultima parola: *check-in agents* (assistenti di terra); altri la prendono alla fine del primo termine: *brothers-in-law* (cognati).

2.2.3 Sostantivi numerabili (*countable*) e non numerabili (*uncountable*)

I *countable*, o sostantivi numerabili, hanno la forma singolare e plurale, mentre gli *uncountable*, o sostantivi non numerabili, hanno soltanto la forma singolare e il verbo che li segue è al singolare:

- *countable*:

That book is interesting. – Questo libro è interessante.
Those books are interesting. – Questi libri sono interessanti.

- *uncountable*:

The information you gave me is right. – Le informazioni che mi hai dato sono corrette.

I **sostantivi non numerabili** sono generalmente nomi di sostanze solide, liquide o gassose, nomi astratti, gerundi usati come sostantivi; ad esempio: *health* (salute), *weather* (tempo), *advice* (suggerimento), *information* (informazione), *trade* (commercio), *water* (acqua), *rice* (riso), *bread* (pane), *salt* (sale), *milk* (latte), *progress* (progresso), *research* (ricerca), *news* (notizie), *luggage* (bagaglio), *furniture* (arredamento), *knowledge* (conoscenza), *hair* (capelli), *accommodation* (alloggio), *crockery* (stoviglie), *cutlery* (posate), *business* (affari), *equipment* (equipaggiamento/strumentazione), *homework* (compiti), *housework* (lavori domestici), *money* (denaro), *produce* (prodotti agricoli), *rubbish* (spazzatura), *shopping* (spese), *iron* (ferro), *light* (luce), *paper* (carta), *success* (successo), *wood* (legno), *glass* (vetro), *damage* (danno), *fruit* (frutta), *clothing* (abbigliamento), *permission* (permesso), *poetry* (poesia) ecc.

Per **indicare una quantità precisa** di uno di tali sostantivi è necessario fare uso delle seguenti espressioni: *a bar of* (una barra di), *a bit of* (un pezzo di), *a piece of* (un pezzo di), *a bottle of* (una bottiglia di), *a litre of* (un litro di), *a cup of* (una tazza di), *a pound of* (una libbra di), *a kilo of* (un chilo di), *a sheet of* (un foglio di), *a slice of* (una fetta di), *a burst of* (uno scoppio di), *a round of* (un ciclo, uno scroscio di), *an article of* (un articolo di), *an item of* (un articolo di), *a state of* (uno stato, una condizione di), *a flash of* (un lampo, uno sprazzo di), *a means of* (un mezzo di), *a clap of* (un colpo, un battimano di), *a loaf of* (una pagnotta di), *a* *chorus of* (un coro di), *a pair of* (una lastra, un pannello di), *a pane of* (un tratto di), *a stretch of* (un abuso, un eccesso di).

☞ **A piece of information.** – Una informazione.

2.2.4 Nomi collettivi

I **nomi collettivi** sono seguiti da un verbo al singolare se all'interno della frase esprimono un'entità; è il caso di: *clergy* (clero), *government* (governo), *majority* (maggioranza), *minority* (minoranza), *class* (classe), *staff* (organico), *team* (squadra), *committee* (commissione), *company* (società), *cattle* (bestiame), *people* (gente), *police* (polizia), *family* (famiglia), *firm* (azienda), *aristocracy* (aristocrazia), *army* (esercito), *association* (associazione), *audience* (pubblico), *cast* (complesso di attori), *club* (club), *confederation* (confederazione), *crew* (equipaggio), *council* (consiglio), *enemy* (nemico), *group* (gruppo), *media* (media), *parliament* (parlamento), *navy* (marina), *opposition* (opposizione), *press* (stampa), *public* (pubblico), *school* (scuola) e altri.

☞ **The crew is ready for the take off.** – L'equipaggio è pronto al decollo.

Se invece vengono considerati i singoli elementi del gruppo, i nomi collettivi sono seguiti da un verbo al plurale.

☞ **My family lives in London.** – La mia famiglia (tutta la famiglia) abita a Londra.
My family have studied German. – La mia famiglia (ciascuno dei suoi membri) ha studiato tedesco.

2.2.5 Nomi difettivi

I nomi difettivi sono nomi a cui manca o la forma singolare o la forma plurale.

Non hanno il singolare: *acoustics* (acustica), *arms* (armi), *belongings* (averi o effetti personali), *contents* (argomenti), *earnings* (guadagni), *ethics* (etica), *spirits* (umore), *surroundings* (dintorni), *thanks* (ringraziamento), *pyjamas* (pigiama), *clothes* (vestiti), *goods* (merce), *outskirts* (periferia), *customs* (dogana), *premises* (strutture) e altri. Tuttavia, alcuni di essi, quali *news* (notizie), *politics* (politica), *physics* (fisica), *mathematics* (matematica), *series* (serie), *measles* (morbillo), *draughts* (dama), *darts* (freccette) ecc. sono seguiti da verbi e pronomi al singolare.

Non hanno il plurale: *anguish* (angoscia), *applause* (plauso o elogio), *armour* (armatura), *assent* (assenso), *attention* (attenzione), *behaviour* (comportamento), *blackmail* (ricatto), *capital* (capitale), *censure* (censura), *consent* (consenso), *darkness* (oscurità), *encouragement* (incoraggiamento), *fun* (divertimento), *gossip* (pettegolezzo), *headway* (progresso), *insurance* (assicurazione), *jewellery* (gioielli), *laughter* (risata), *litter* (rifiuti), *magic* (magia), *make-up* (trucco), *revenge* (vendetta), *soap* (sapone), *traffic* (traffico), *wealth* (ricchezza) e i sostantivi non numerabili già elencati; di questi ultimi, alcuni hanno la forma plurale, ma il loro significato cambia.

2.2.6 Nomi aggettivati

I nomi aggettivati sono **sostantivi con valore di aggettivo** che, quindi, precedono altri sostantivi e restano alla forma singolare: *car park* (parcheggio), *table cloth* (tovaglia), *ring finger* (anulare) ecc.

I due nomi possono fondersi in un'unica parola: *raincoat* (impermeabile), *homework* (compiti), *toothbrush* (spazzolino da denti).

Quando vengono impiegati in espressioni indicanti la quantità, restano al singolare: *a two-year course* (un corso di due anni), *a ten-pound note* (una banconota da dieci sterline), *a three-mile walk* (una passeggiata di tre miglia).

A volte subiscono l'aggiunta del suffisso *-ed*: *a blond-haired girl* (una ragazza dai capelli biondi), *a one-eyed sailor* (un marinaio con un solo occhio), *a narrow-minded man* (un uomo chiuso mentalmente).

2.2.7 Nomi composti

I nomi composti sono una coppia di sostantivi dei quali il primo esprime o la categoria di appartenenza o la funzione del secondo sostantivo: *football player* (giocatore di football), *spy story* (racconto di spionaggio), *love affair* (relazione amorosa).

Il primo sostantivo può indicare:

- il luogo: *Oxford station*, *newspaper article* (stazione di Oxford, articolo di giornale);
- il tempo: *afternoon tea* (tè del pomeriggio);
- il materiale: *snowflake* (fiocco di neve);
- la funzione: *teaspoon*, *coffee-cup* (cucchiaino da tè, tazzina da caffè);
- una parte: *table leg* (gamba del tavolo);
- un complemento: *girl-friend* (fidanzata);
- l'oggetto interessato: *blood-test* (esame del sangue).

I sostantivi composti possono anche essere formati da:

- un gerundio e un sostantivo: *sleeping bag* (sacco a pelo);
- un verbo e una preposizione: *make-up* (trucco);
- un sostantivo, una preposizione e un sostantivo: *sister-in-law* (cognata);
- un sostantivo e un aggettivo: *secretary general* (segretariato generale).

2.2.8 False friends

I cosiddetti "falsi amici" sono quelle parole che, sebbene molto simili a parole italiane dal punto di vista ortografico, hanno un significato diverso. I *false friends* più comuni sono: *abstemious* (frugale), *actually* (veramente), *addict* (schiavo di un vizio), *advertisement* (pubblicità), *advice* (consiglio), *to annoy* (irritare), *argument* (discussione), *brave* (coraggioso), *camera* (macchina fotografica), *candid* (schietto), *canteen* (mensa), *commodity* (merce di largo consumo), *comprehensive* (esauriente), *convenient* (comodo), *delusion* (illusione), *disgrace* (vergogna), *editor* (redattore), *educated* (istruito), *eventually* (infine), *fabric* (tessuto), *facilities* (servizi), *furniture* (mobili), *to impress* (stupire), *inconsistent* (incoerente), *injury* (ferita), *lecture* (conferenza), *library* (biblioteca), *magazine* (rivista), *misery* (sofferenza), *novel* (romanzo), *parents* (genitori), *pavement* (marciapiede), *petrol* (benzina), *preservative* (conservante), *to pretend* (fingere), *to realize* (accorgersi), *to recover* (guarire), *romance* (storia d'amore), *scholar* (studioso), *stamp* (francobollo), *to support* (sostenere), *trivial* (banale), *vacancy* (posto di lavoro vacante) e molti altri ancora.

2.3 Preposizioni

In inglese viene fatto un ampio uso delle preposizioni; si riportano le più frequenti.

2.3.1 Preposizioni di tempo

Le preposizioni di tempo più comuni sono:

- **at**: si utilizza con le ore, i momenti precisi, i nomi di festività;

> **We are meeting at 4 o'clock.** – Ci incontreremo alle 4 in punto.
> **I usually go trekking at the weekend.** – Di solito faccio trekking durante il fine settimana.
> **What are you doing at Christmas**? – Cosa farai a Natale?

- **in**: si usa con i mesi, le stagioni, gli anni, i secoli, le parti del giorno;

> **In June I'm going on holiday.** – A giugno andrò in vacanza.
> **The exhibition was held in May.** – La mostra si è tenuta a maggio.
> **In the 18th century free thinkers set the principles that would lead to the French Revolution.** – Nel XVIII secolo i filosofi stabilirono i princìpi che avrebbero portato alla Rivoluzione francese.
> **I usually have tea in the afternoon.** – In genere bevo tè nel pomeriggio.

- **on**: si utilizza con i giorni della settimana e le date;

He goes to church on Sunday. – La domenica va in chiesa.
Marcel was born on March 15th 1970. – Marcel è nato il 15 marzo 1970.

- **after**: dopo;

We do our homework after dinner. – Facciamo i compiti dopo cena.

- **before**: prima;

Let's call the plumber before it's too late! – Chiamiamo l'idraulico prima che sia troppo tardi!

- **during**: durante;

What does she do during the day? – Che cosa fa durante il giorno?

- **for**: si traduce *per* o *da* per indicare la durata;

These flowers are for you. – Questi fiori sono per te.
I have known Peter for ten years. – Conosco Peter da dieci anni.

- **since**: si traduce *da,* per indicare il punto di inizio di un'azione;

I have known Peter since 1989. – Conosco Peter dal 1989.

- **within**: *entro* un periodo generico;

We expect to receive your letter within a week. – Ci aspettiamo di ricevere la vostra lettera entro una settimana.

- **by**: *entro* una data precisa;

We expect to receive your letter by 31st January. – Aspettiamo di ricevere la vostra lettera entro il 31 gennaio.

- **in**: tra;

Alison will move to Madrid in two months. – Alison si trasferirà a Madrid tra due mesi.

- **next**: il prossimo (aggettivo);

Next year Tom and Juliet will get married. – L'anno prossimo Tom e Juliet si sposeranno.

• **from ... until/till**: da ... a/fino.

Mr Burn worked for that firm from September 2002 until January 2012. – Mr Burn ha lavorato per quell'azienda dal settembre del 2002 al gennaio del 2012.

2.3.2 Preposizioni di luogo

Le proposizioni di luogo si suddividono in:

• proposizioni che indicano stato in luogo;
• proposizioni che indicano moto a luogo.

Preposizioni che indicano stato in luogo

• **at**: a, con un punto preciso;

My parents are at the theatre. – I miei genitori sono a teatro.

• **in**: a, in città, nazione, via o piazza;

We live in Milan. – Noi abitiamo a Milano.

• **among**: tra un numero imprecisato di cose o persone;

Your book is among those I lent Jenny. – Il tuo libro è tra quelli che ho prestato a Jenny.

• **between**: fra, tra due cose o persone o due gruppi;

The police station is between the car park and the library. – La stazione di polizia si trova tra il parcheggio e la biblioteca.

• **near**: vicino, in senso generico;

On the desk there is a lamp and near the lamp there is a vase. – Sulla scrivania c'è una lampada e vicino alla lampada c'è un vaso.

• **next to**: vicino, accanto a;

I live next to the post office. – Abito accanto all'ufficio postale.

• **beside**: accanto a, a fianco di;

The bell tower is beside the cathedral. – Il campanile è accanto alla cattedrale.

- **in front of**: di fronte a (generico);

The park is in front of the cinema. – Il giardino è di fronte al cinema.

- **opposite**: dirimpetto, di fronte a;

The skyscraper is opposite the bank. – Il grattacielo è dirimpetto alla banca.

- **on**: su, sopra;

The pen is on the table. – La penna è sul tavolo.

- **under**: sotto;

The cat is under the bed. – Il gatto è sotto il letto.

- **above/over**: su, sopra, senza contatto;

The plane flies above the roofs of the houses. – L'aereo vola sopra i tetti delle case.

- **below**: sotto, sottostante, senza contatto;

On the top of the hill you can see the valley below. – In cima alla collina puoi vedere la vallata sottostante.

- **outside**: fuori;

The bike is outside the garage. – La bicicletta è fuori dal garage.

- **inside**: dentro;

The ring is inside the small box. – L'anello è nella scatoletta.

- **against**: contro;

The ladder is against the wall. – La scala è contro il muro.

- **behind**: dietro;

Behind the buildings there is a big park. – Dietro i palazzi c'è un grande parco.

- **upstairs**: al piano di sopra;

On the ground floor there is a kitchen; upstairs there are two bedrooms. – Al piano terra c'è una cucina; di sopra/al piano di sopra ci sono due camere da letto.

- **downstairs**: al piano di sotto.

Downstairs there are a cellar and a garage. – (Al piano) di sotto ci sono una cantina e un box.

Preposizioni che indicano moto a luogo

- **to**: a;

I'm going to the cinema. – Sto andando al cinema.

- **into**: in (per entrare in un luogo chiuso);

Tell him to go into that room. – Digli di entrare in quella stanza.

- **from**: da;

They come from Russia. – Vengono dalla Russia.

- **out of**: fuori da (e significati affini);

Get out of the car! – Scendi/Vieni fuori/Fuori dalla macchina!

- **across**: attraverso (moto in linea retta), da una parte all'altra o dall'altro lato di;

They walked across the village in one hour. – Hanno camminato attraverso/attraversato il paese in un'ora.

He lives across the street. – Egli vive dall'altro lato della strada.

- **through**: in, per, attraverso (generico o in presenza di ostacoli, spesso tradotto con il verbo corrispondente);

There's a path through the wood. – C'è un sentiero nel/attraverso il bosco.

The Tevere flows through Rome. – Il Tevere attraversa Roma.

- **(a)round**: attorno a, intorno;

They left for a journey around the world. – Sono partiti per un viaggio intorno al mondo.

- **along**: lungo a, lungo;

☞ **We will meet our friends along the way.** – Incontreremo i nostri amici lungo la strada.

- **towards**: verso, in direzione di;

☞ **He went towards the mountains.** – Andò verso le montagne.

- **up**: su, sopra, in alto, in su;

☞ **The diver came up.** – Il sommozzatore venne su/risalì.

- **down**: giù.

☞ **The Alpine guide climbed down the mountain carefully.** – La guida alpina venne giù/scese dalla montagna con attenzione.

2.3.3 Preposizioni legate ad aggettivi o sostantivi

In inglese, numerose espressioni composte dal verbo *to be* e da aggettivi attributivi sono seguite da precise preposizioni che ne determinano il significato. Nell'elenco seguente sono state riportate le più significative e frequenti.

• to be **afraid of**	temere, avere timore di
• to be **amazed at/by** s.ing	essere stupito rispetto a, per
• to be **angry about** s.ing/**with** s.one for s.ing	essere arrabbiato per q.sa/con q.no per q.sa
• to be **annoyed about**	essere irritato per
• to be **anxious about/for** s.ing	essere ansioso per q.sa
• to be **ashamed of**	vergognarsi di
• to be **astonished at/by** s.ing	stupirsi per
• to be **aware of**	essere consapevole di
• to be **bored with**	essere annoiato da
• to be **composed of**	essere composto da
• to be **crowded with**	essere pieno/affollato di
• to be **cruel to** s.one	essere crudele con q.no
• to be **delighted with**	rallegrarsi per
• to be **dependent on**	essere dipendente, dipendere da
• to be **different from**	essere diverso da
• to be **disappointed with**	essere deluso da
• to be **dissatisfied with**	essere insoddisfatto di
• to be **disgusted with**	essere disgustato da
• to be **dressed in**	essere vestito da

• to be **engaged to**	essere fidanzato con
• to be **enthusiastic about**	essere entusiasta per
• to be **excited about**	essere emozionato per
• to be **famous for**	essere famoso, noto per
• to be **fond of**	essere appassionato di
• to be **frightened of**	essere terrorizzato da
• to be **generous to** s.one	essere generoso con q.no
• to be **good to** s.one	essere buono con q.no
• to be **good/bad at**	essere bravo in/a, incapace in/a
• to be **happy about**	essere felice, contento per
• to be **hopeless at**	essere senza speranza in
• to be **ill with**	essere ammalato di
• to be **impressed by**	essere colpito da
• to be **independent of**	essere indipendente da
• to be **interested in**	essere interessato a
• to be **involved in**	essere coinvolto in
• to be **keen on**	essere appassionato di
• to be **kind to**	essere gentile con
• to be **married to**	essere sposato con
• to be **mean to** s.one	essere meschino, cattivo con
• to be **named after**	aver avuto il nome di
• to be **nice to**	essere simpatico, gentile con
• to be **pleased with**	essere compiaciuto, contento per
• to be **polite to**	essere educato con
• to be **responsible for**	essere responsabile di
• to be **rude to**	essere sgarbato con
• to be **satisfied with**	essere soddisfatto di
• to be **shocked at/by** s.ing	essere colpito da
• to be **short of**	essere a corto di
• to be **similar to**	essere simile a
• to be **sorry about** s.ing/**for** s.one/**for doing** s.ing	dispiacersi per q.sa, q.no., per aver fatto q.sa
• to be **surprised at/by** s.ing	essere sorpreso, colpito da
• to be **terrified of**	essere terrorizzato da
• to be **tired of**	essere stanco di
• to be **unaware of**	non essere consapevole di
• to be **upset about**	essere sconvolto per
• to be **used to**	essere abituato a
• to be **worried about**	essere preoccupato per

2.3.4 Preposizione + nome

Le preposizioni che precedono un sostantivo possono concorrere alla formazione di precise espressioni; ad esempio, le frasi *this photo is by my father* e *this photo is from my father* hanno un significato diverso: la prima indica l'autore della fotografia, la seconda ne indica la provenienza. Questo breve elenco evidenzia le preposizioni usate in espressioni molto comuni:

- **at war**: in guerra;
- **a book by**: un libro di; **a film by**: un film di; **a painting by**: un quadro di;
- **by accident**: per caso; **by car / train / rail / plane / air / boat / ship / sea / bus / underground / bicycle / scooter**: in macchina / treno / aereo / nave/ mare / autobus / metropolitana / bicicletta / moto; **by chance**: per fortuna; **by mistake**: per errore; **by cheque**: con assegno; **by credit card**: con carta di credito; **by definition**: per definizione; **by heart**: a memoria; **by the way**: a proposito;
- **to go for a coffee**: prendersi un caffè; **to go for a walk**: farsi una passeggiata;
- **for breakfast**: a colazione; **for lunch**: a pranzo; **for dinner**: a cena;
- **in 2011**: nel 2011; **in June**: a giugno; **in the beginning**: all'inizio; **in the end**: alla fine; **in my opinion**: secondo me; **in the newspaper**: sul giornale; **in pen**: a penna; **in pencil**: a matita; **in the rain**: sotto la pioggia; **in the sun**: al sole; **in a loud voice**: a voce alta; **in a quite voice**: a voce bassa; **in power**: in carica; **in one's car**: con la propria auto;
- **on a cruise**: in crociera; **on a diet**: a dieta; **on a trip**: in viaggio; **on arrival**: in arrivo; **on business**: in affari; **on foot**: a piedi; **on fire**: al fuoco; **on holiday**: in vacanza; **on Sunday**: di domenica; **on page**: alla pagina; **on strike**: in sciopero; **on stage**: in scena; **on the telephone**: al telefono; **on the radio**: alla radio; **on television**: in televisione; **on one's bicycle/scooter/motorbike**: sulla propria bicicletta, scotter, moto.

2.3.5 Avverbio/nome + preposizione

Anche gli avverbi e i nomi possono essere seguiti da precise preposizioni in base a quello che si vuole esprimere. Eccone alcuni esempi:

• **ability at**	capacità di, abilità di
• **advantage/disadvantage in doing**	vantaggio/svantaggio nel fare
• **advantage/disadvantage of s.ing**	vantaggio/svantaggio di q.sa
• **answer to**	risposta a
• **attitude to**	atteggiamento rispetto a
• **cause of**	causa di
• **congratulations on s.ing**	congratulazioni per
• **connection with s.ing/between two things**	relazione con q.sa/tra due cose

- **contact with s.ing/between two things** contatto con q.sa/ tra due cose
- **damage to** danno a
- **decrease in** riduzione, diminuzione di, in
- **demand for** domanda, richiesta di
- **difficulty with** difficoltà con
- **discussion about** discussione circa
- **effect on** effetto su
- **explanation of** spiegazione di
- **fall in** caduta di, in
- **increase in** aumento, crescita di, in
- **independence of/from** indipendenza di/da
- **influence on** influenza su
- **interest in** interesse per
- **invitation to** invito a
- **lack of** mancanza di
- **matter with** questione di
- **need for** bisogno di
- **picture/photograph of** immagine, fotografia di
- **proof of** prova di
- **reaction to** reazione a
- **reason for** ragione per cui
- **relationship with s.ing /between two things** relazione con q.sa/tra due cose
- **reply to** risposta a
- **responsibility for** responsabilità di
- **rise in** aumento, crescita di, in
- **solution to** soluzione di

2.3.6 Verbo + preposizione

Per concludere, ecco alcuni verbi seguiti da preposizioni:

- **to agree with s.one / about s.ing / on s.ing/to an action** essere d'accordo con q.no/su q.sa/con q.sa /con un'azione
- **to aim at s.ing/to do s.ing** mirare a q.sa/a fare q.sa
- **to apologize for (doing) s.ing** scusarsi per avere fatto q.sa
- **to apologize to s.one for s.ing** scusarsi con q.no per q.sa
- **to apply for** candidarsi a
- **to apply to** rivolgersi a
- **to ask for** chiedere
- **to believe in** credere a, in

• **to belong to**	appartenere a
• **to call after**	dare il nome di
• **to care about/for/take care of**	preoccuparsi di, per/occuparsi di
• **to charge s.one with**	accusare q.no di
• **to comment on**	commentare
• **to complain to s.one about s.ing**	lamentarsi con q.no di q.sa
• **to compliment s.one on s.ing**	complimentarsi con q.no per q.sa
• **to concentrate/focus on**	concentrarsi su
• **to congratulate s.one on s.ing**	congratularsi con q.no per q.sa
• **to consist of**	consistere in
• **to cut into**	tagliare in
• **to deal with**	trattare di, occuparsi di
• **to depend on**	dipendere da
• **to die of**	estinguersi (di specie animali)
• **to disapprove of**	disapprovare
• **to discourage from**	scoraggiare a
• **to divide into**	dividere in
• **to dream of/about**	sognare
• **to drive into/against**	entrare in, scontrarsi, andare a sbattere contro (con la macchina)
• **to explain s.ing to s.one**	spiegare q.sa a q.no
• **to feel like**	avere voglia di
• **to fill with**	riempire con/in preda a
• **to get in(to)-out of a car/taxi/small boat**	salire in/su-scendere da un'auto, un taxi, una barca
• **to get on(to)-off a bus/train/plane/ship**	salire su-scendere da un auto-bus/treno/aereo/una nave
• **to happen to s.one**	accadere a q.no
• **to insist on**	insistere a, su
• **to invite to**	invitare a
• **to laugh at**	ridere di
• **to listen to**	ascoltare
• **to live on**	vivere di
• **to look at (to watch)/after (to take care of)/for (to try to find)**	guardare/occuparsi di/cercare
• **to pay for s.ing /by cheque**	pagare q.sa con un assegno
• **to prevent s.one from doing s.ing**	impedire a q.no di fare q.sa
• **to provide with**	(ri)fornire con, di
• **to rely on**	contare su, fidarsi di
• **to remind s.one of s.ing**	ricordare a q.no q.sa
• **to search for**	cercare
• **to shiver with**	rabbrividire per

- **to shoot at** — sparare a, fare fuoco su
- **to shout at/to (call to) s.one** — sgridare, urlare contro q.no
- **to smile at** — sorridere per
- **to speak to** — parlare a, con
- **to spend on** — spendere in, per
- **to split into** — rompere, dividere in
- **to succeed in/at** — riuscire a, in
- **to suffer from** — soffrire di
- **to supply with** — (ri)fornire di, con
- **to take part in/at** — partecipare a, prendere parte a
- **to talk to/with** — parlare a, con
- **to thank for** — ringraziare per
- **to think of/about** — pensare a
- **to throw s.ing at/to s.one** — gettare, lanciare contro q.sa / a q.no
- **to tremble with** — tremare di
- **to wait for** — aspettare
- **to write to** — scrivere a

In inglese alcuni verbi assumono significati diversi in base alle preposizioni che li seguono; questi verbi prendono il nome di verbi fraseologici o *phrasal verbs* (si veda § 3.1.9 e l'elenco in Appendice § 5.2).

2.4 Aggettivi e pronomi

In inglese gli aggettivi sono neutri e non hanno la forma plurale. Precedono il sostantivo (funzione attributiva) o seguono i verbi *to be* (essere), *to seem* (sembrare), *to look* (sembrare), *to become* (diventare) in posizione predicativa.

Anche i participi passati, terminanti in *-ed*, e i gerundi, terminanti in *-ing*, possono svolgere la funzione di aggettivi. Quando più aggettivi precedono un sostantivo, l'ordine da preferire è il seguente (partendo dall'aggettivo più distante): aggettivo che esprime il valore o la condizione dell'oggetto (oggettiva o soggettiva), quindi le dimensioni, l'età, la forma, il colore, l'origine geografica, il materiale; immediatamente prima del sostantivo si trova il *compound*, nome o aggettivo, che specifica la funzione dell'oggetto.

The old lady was carrying a small shiny black leather handbag. – L'anziana signora portava una borsetta di pelle nera lucida.

Mary says that her boyfriend looks like a tall dark handsome cowboy. – Mary dice che il suo fidanzato assomiglia a un bel cowboy alto e bruno.

We met in a cold miserable mid-winter day. – Ci incontrammo in una fredda e triste giornata invernale.

2.4.1 Aggettivi numerali

I numeri sono aggettivi che modificano il nome che segue (cardinali) o si accordano nel genere e nel numero (ordinali). Si dividono in numerali cardinali e numerali ordinali.

Cardinali

I numerali cardinali sono (da 0 a 19): *ou* (o *zero* per indicare i gradi*), one, two, three, four, five, six, seven, eight, nine, ten, eleven, twelve, thirteen, fourteen, fifteen, sixteen, seventeen, eighteen, nineteen.*

Le decine si formano aggiungendo il suffisso *-ty*, con qualche piccola variazione ortografica (da 20 a 90): *twenty, thirty, forty, fifty, sixty, seventy, eighty, ninety.*

Una cifra composta da una decina e un'unità viene scritta con un trattino tra le due parole: *thirty-six, seventy-nine.*

Cento, mille, milione e miliardo corrispondono a: *a (one) hundred, a (one) thousand, a (one) million, a (one) billion.* Restano invariati se sono preceduti da un numero e prendono la *-s* del plurale se indicano una quantità imprecisata: *two-thousand; millions of stars.*

Una cifra composta da 100 o da 1000 viene scritta con la congiunzione *and* tra 100 (o 1000) e la decina: *one hundred and sixty-two.*

Per leggere l'anno, le quattro cifre si leggono come se fossero due decine separate: 2012: *twenty twelve*; se la seconda coppia di numeri è costituita da due zeri, si legge *hundred*: 1900 – *nineteen hundred.*

Le ore

Una tipica costruzione idiomatica con i numeri cardinali sono le ore. Come in italiano, la costruzione è impersonale, con il soggetto *it* e il verbo *is* (*to be*). Alla domanda *What time is it?* oppure *What's the time?*, si risponderà nei seguenti modi:

- con il numero relativo all'ora e l'espressione *o'clock* (in punto);

☞ **4.00. It's four o'clock.** – Sono le quattro in punto.

- leggendo i minuti trascorsi nella prima "mezza" + *past* + l'ora;

☞ **10.12. It's twelve minutes past ten.** – Sono le dieci e dodici minuti.

fifteen oppure la parola *quarter* per indicare il "quarto d'ora";

☞ **5.15. It's a quarter past five.** – Sono le cinque e un quarto.

thirty oppure *half* (*mezza*) per indicare la "mezza";

☞ **18.30. It's half past six (pm).** – Sono le sei e mezza.

mezz'ora si dice *half an hour*, un'ora/due ore e mezza si dice *one hour/two hours and a half*;

- leggendo i minuti che mancano all'ora successiva (superata la mezza) + *to* + l'ora successiva;

☞ **9.40. It's twenty to ten.** – Sono le dieci meno venti.

---

ancora una volta, il quarto d'ora che manca all'ora successiva si esprime con *fifteen*, o più comunemente, con *quarter*.

☞ **6.45. It's a quarter to seven.** – Sono le sette meno un quarto.

Nella lingua parlata, l'ora e i minuti si leggono in successione, senza *past* o *to*: *ten twenty-three* (10.23), invece di *twenty-three past ten*.

Le ore vengono contate da 0 a 12, pertanto la lettura delle ore dall'una del mattino a mezzogiorno è seguita da *a.m.* (*ante meridiem*), mentre quella dalle tredici alle ventiquattro è seguita da *p.m.* (*post meridiem*).

Infine, la preposizione che precede l'ora ("alle") si traduce *at*: *at half past six*.

L'uso di "one"

One sostitusce l'articolo indeterminativo *a/an*:

- quando ci si riferisce a *uno solo*: *one month-holiday* (vacanza di un mese);
- con *morning*, *afternoon*, *evening*, *night*, *day* quando ci si riferisce a quel momento preciso: *one boring evening* (una serata noiosa);
- nella formazione dei pronomi reciproci: *one another*, oppure in correlazione con *other*.

One funge da pronome quando si preferisce non ripetere il sostantivo; se il sostantivo è plurale, prende la *-s* del plurale (*ones*). In entrambi i casi è preceduto dall'articolo *the*.

☞ **I've got a lot of trendy sweaters, but I prefer the blue one.** – Ho molti maglioni alla moda, ma preferisco quello blu.

Ordinali

Gli aggettivi numerali ordinali (ovvero *primo*, *secondo*, *terzo* ecc.) si formano aggiungendo il suffisso *-th* ai numerali cardinali.

I primi tre numeri e le cifre in cui essi compaiono come unità fanno eccezione: *first*, *second*, *third*; *twenty-first*, *thirty-second*, *fifty-third*; tuttavia, *undicesimo*, *dodicesimo* e *tredicesimo* si formano aggiungendo *-th*: *eleventh*, *twelfth*, *thirtheenth*.

Le decine sostituiscono *-ty* con *-tieth: thirtieth*, *ninetieth*. Le eccezioni sono rappresentate da: *tenth* (decimo) e *twelfth* (ventesimo).

Centesimo, *millesimo* e *milionesimo* diventano: *hundredth*, *thousandth*, *millionth*.

Quando vengono scritti in numeri, è necessario che in alto a destra del numero compaia l'apice *th*, o *st* (first), *nd* (second), *rd* (third).

Le date

Per esprimere la data si usa una costruzione impersonale con *it* e il verbo *to be* alla terza persona. Alla domanda *What's the date today?* oppure *What date is it today?*, si risponde *it's the* + numero ordinale (scritto in cifre e seguito dalle due lettere finali in apice) + *of* + mese; il mese può essere precisato prima o dopo il giorno.

It's September 30th. Si legge: **It is September the thirtieth.**
It's 30th September. Si legge: **It is the thirtieth of September.**

2.4.2 Aggettivi con funzione predicativa

In inglese esistono degli aggettivi che hanno solo funzione predicativa, cioè seguono il verbo:

- gli aggettivi con il prefisso **a-**: *alike* (simile), *alive* (vivo), *awake* (sveglio), *asleep* (addormentato), *ashamed* (vergognoso), *afraid* (impaurito), *aflame* (in fiamme), *afloat* (a galla), *alone* (solo);

The two sisters are alike. – Le due sorelle sono simili.

- gli aggettivi *content* (soddisfatto), *far* (lontano), *near* (vicino), *glad* (felice), *ill* (malato), *upset* (sconvolto, turbato);

The church is near the village. – La chiesa è vicina al paese.

- gli aggettivi che esprimono l'età e la misura: *old* (vecchio), *high* (alto, riferito a una cosa), *tall* (alto, riferito a una persona), *long* (lungo), *wide* (ampio, vasto), *large* (largo), *deep* (profondo) ecc.;

The skyscraper is 300 metres high. – Il grattacielo è alto 300 metri.

- aggettivi che seguono una relativa sottintesa;

The child, (who was) happy for his present, thanked his parents. – Il bambino, felice per il regalo, ringraziò i genitori.

- aggettivi che formano il complemento predicativo dell'oggetto.

They don't consider family so important. – Non considerano la famiglia così importante.

2.4.3 Aggettivi e pronomi possessivi

Gli **aggettivi** possessivi sono: *my*, *your*, *his/her/its*, *our*, *your*, *their*; i **pronomi** possessivi sono *mine*, *yours*, *his/hers/its*, *ours*, *yours*, *theirs*. Sia gli aggettivi possessivi sia i pronomi possessivi non sono mai preceduti dall'articolo determinativo.

My father is an architect. – Mio padre è architetto.
These are his suitcases. Hers are blue. – Queste sono le sue (di lui) valigie. Le sue (di lei) sono blu.

Quando, in italiano, un determinante (aggettivi numerali, dimostrativi, articoli indeterminativi e partitivi) precede un possessivo (per esempio in: *quel mio amico*), le strutture possibili in inglese sono due, l'una con il pronome possessivo (espressa anche con un genitivo sassone), l'altra con l'aggettivo possessivo o il genitivo sassone.

A friend of *mine* / One of *my* friends. – Un mio amico.
Some books of *hers* / Some of *her* books. – Alcuni suoi libri.
This shirt of *his* / This shirt of *John's*. – Questa sua maglietta/Questa maglietta di John.

2.4.4 Aggettivi e pronomi dimostrativi

I principali aggettivi e pronomi dimostrativi sono: *this/that* (questo/quello), *these/those* (questi/quelli). Spesso i pronomi dimostrativi sono accompagnati dai pronomi indefiniti *one/ones* che sostituiscono il sostantivo.

Who's that woman there? – Chi è quella donna laggiù?
Have a look at these photos! – Guarda queste fotografie!
That ring is nicer than this one. – Quell'anello è più carino di questo.

2.4.5 Aggettivi e pronomi indefiniti

Gli aggettivi e pronomi indefiniti *altro*, *ogni*, *tutto/tutti*, *entrambi*, *l'uno e l'altro*, *né l'uno né l'altro* si traducono nei seguenti modi.

Altro:

- *other(s)-another* (aggettivi e pronomi);

Some people like going to the mountainside; others prefer going to the seaside. – Ad alcune persone piace andare in montagna; altre preferiscono andare al mare.
If you don't like this colour choose another one. – Se non ti piace questo colore, sceglinе un altro.

- *else* (avverbio, segue un avverbio interrogativo o un pronome interrogativo, un indefinito composto, oppure *little, much*).

Is there anything else to eat? – C'è qualcos'altro da mangiare?
There wasn't much else to say. – Non c'era molto altro da dire.

Ogni:

- *every* (aggettivo);

Can you understand every word she says? – Riuscite a capire ogni sua parola?

espressioni idiomatiche con *every*: *every other day/week, every three days/weeks* ecc. (ogni due, tre ecc. giorni/settimane); *every now and then, every now and again* (di tanto in tanto);

- *each* (aggettivo e pronome: ognuno, ciascuno).

How much are these boxes? They're £1,50 each. – Quanto costano queste scatole? Una sterlina e cinquanta ciascuna.

Tutto:

- *all* (è aggettivo ma diventa pronome quando è seguito da un pronome relativo, oppure da *of* + pronome personale complemento);

All the children followed their teacher. – Tutti gli studenti seguirono l'insegnante.
Tell me all that you know. – Dimmi tutto quello che sai.
I gave the tickets to all of them. – Ho dato i biglietti a tutti loro.

espressioni idiomatiche con *all*: *above all* (soprattutto), *after all* (dopo tutto), *once for all* (una volta per tutte), *all in all* (tutto sommato), *not at all* (per nulla), *all the better/worse* (tanto meglio/peggio), *all over/around the world*, in tutto il mondo, *all at once* (improvvisamente, subito); *all the best* (tanti auguri);

- *whole* (tutto, l'intero; aggettivo, è seguito da un sostantivo singolare);

I visited the whole city. – Ho visitato l'intera città.

espressioni idiomatiche con whole: *on the whole* (tutto sommato), *as a whole* (nell'insieme, nel complesso);

- *every* (aggettivo; è seguito da un sostantivo singolare).

Every case in the warehouse was carefully packed. – Tutte le casse del magazzino sono state imballate con cura/Ogni cassa del magazzino è stata imballata con cura.

Entrambi:

- *both (of)* (aggettivo e pronome).

Both doctors agreed on the diagnosis. – Entrambi i dottori accettarono la diagnosi.

Fred and Paul are so kind to me. I get on well with both of them. – Fred e Paul sono così gentili con me. Vado d'accordo con entrambi.

L'uno o l'altro:

- *either (of)* (entrambi, aggettivo e pronome).

Either suggestion will be good. – Entrambe le proposte andranno bene/L'una o l'altra proposta andrà bene.

Either of you can come with me. – O l'uno o l'altro/Uno dei due può venire con me.

Né l'uno né l'altro:

- *neither (of)* (aggettivo e pronome).

Neither brother looks like their father. – Nessuno dei due fratelli assomiglia al padre.

Neither of the compositions is good. – Nessuna delle composizioni va bene/Né l'una né l'altra composizione va bene.

2.4.6 Aggettivi e pronomi indefiniti partitivi

Gli aggettivi e pronomi partitivi traducono gli italiani *ne*, *del*, *dei*, *un po'*, *qualche*, *alcuni*, *nessuno* ecc.; i principali sono:

- **some** (oppure **a little** + sostantivo singolare / **a few** + sostantivo plurale), nelle affermative o interrogative che esprimono offerta o richiesta;

There must be some/a little garlic in this dish. – Deve esserci dell'aglio in questo piatto.
Some/a few people are really ruthless. – Alcune persone sono davvero senza scrupoli.
Would you like some cake? – Vorresti un po' di torta?

- **any**, nelle frasi interrogative e negative;

Have you got any salt? – Hai del sale?

No, I haven't got any salt. – No, non ho sale.

---

nelle frasi affermative *any* significa "qualsiasi", oppure nega il verbo in presenza di *never* (mai), *hardly* (difficilmente), *without* (senza);

Neil is so greedy that he would eat any sort of food. – Neil è così goloso che mangerebbe qualsiasi tipo di cibo.

She could find a job without any help from his father. – È riuscita a trovare lavoro senza (nessuno/alcuno) aiuto da suo padre.

- **no**, aggettivo, nega il verbo;

  I have no intention to go to the dentist's. – Non ho nessuna intenzione di andare dal dentista.

No more, not... any more, no longer (prima del verbo), *not... any longer* vengono usati con il significato di non più in termini temporali:

I don't live in Rome any more. – Non vivo più a Roma.
I will no longer help him. – *Non lo aiuterò più.*

- **none**, pronome, nega il verbo;

  "Do you hane any painkiller?" "Sorry, I've got none left." – "Hai un antidolorifico?" "Mi dispiace, non ne ho più."

- **little** e **few** senza l'articolo indeterminativo sono aggettivi e significano rispettivamente "poco" e "pochi", in opposizione a **a little**, "un poco", e **a few**, "alcuni".

  I've got little work to do. – Ho poco lavoro da fare.
  I've got a little work to do. – Ho un po' di lavoro da fare.
  Few people visit this museum. – Poche persone visitano questo museo.
  A few people visit this museum. – Alcune persone visitano questo museo.

Pronomi composti di *some / any / no*

I pronomi e gli avverbi indefiniti composti seguono le stesse regole dei partitivi e sono sempre seguiti dal verbo alla terza persona singolare:

- **qualcuno**: *someone/somebody* nelle affermative e *anyone/anybody* nelle interrogative;

  Someone says that Jenny won a fortune. – Qualcuno dice che Jenny ha vinto una fortuna.
  Is there anybody there? – C'è qualcuno lì?

- **nessuno**: *nobody/no one* (nelle affermative), *anyone/anybody* (nelle negative);

  Tell nobody! – Non dirlo a nessuno!
  We didn't meet anyone yesterday. – Non abbiamo incontrato nessuno, ieri.

- **chiunque**: *anyone/anybody* (nelle affermative);

  Anyone can learn a foreign language. – Chiunque può imparare una lingua straniera.

- **tutti**: *everyone/everybody*;

Everybody was ready for the departure. – Tutti erano pronti per la partenza.

- **qualcosa**: *something* (nelle affermative, nelle richieste e nelle offerte), *anything* (nelle interrogative);

There must be something wrong with the computer. – Deve esserci qualcosa che non va con il computer.

Would you like something to drink? – Vorresti qualcosa da bere?

Have you got anything to say? – Hai qualcosa da dire?

- **qualunque cosa, qualsiasi cosa**: *anything* (nelle affermative);

Anything we say is wrong for them! – Qualsiasi cosa diciamo è sbagliata per loro!

- **niente**: *nothing* (nelle affermative), *anything* (nelle negative);

You can do nothing now. – Adesso non puoi fare niente.

I don't want anything from him. – Non voglio niente da lui.

- **tutto**: *everything*.

Everything is ready for the party. – Tutto è pronto per la festa.

I pronomi personali riflessivi, gli aggettivi e i pronomi possessivi a essi riferiti si accordano alla terza persona plurale.

Someone wants to tell *their* opinion. – Qualuno vuole esprimere la propria opinione (*their* sta per *his or her*).

Anyone enjoys *themselves* on holiday more than at work. – Chiunque si diverte più in vacanza che al lavoro. (*themselves* sta per *himself or herself*)

Avverbi composti di *some / any / no*

- **Da qualche parte**: *somewhere* (nelle affermative), *anywhere* (nelle interrogative e negative);

Where is my wallet? It must be somewhere in the bedroom. – Dov'è il mio portafoglio? Deve essere da qualche parte in camera da letto.

Have you seen the dog anywhere? – Hai visto il cane da qualche parte?

- **da nessuna parte**: *nowhere* (nelle affermative), *anywhere* (nelle negative);

This summer we aren't going anywhere on holiday. – Questa estate non andremo da nessuna parte in vacanza.

This summer we are going nowhere on holiday. – Quest'estate non adremo da nessuna parte, in vacanza.

- **ovunque**: *everywhere*;

Everywhere I go I feel sick. – Ovunque vada, mi sento male.

- **in qualsiasi posto**: *anywhere* (nelle affermative);

Tommy would follow his elder brother anywhere. – Tommy seguirebbe il fratello maggiore ovunque.

- **in qualche modo**: *somehow*;

We'll cope with that somehow. – Affronteremo la situazione in qualche modo.

- **in qualsiasi modo**, **comunque**, **in ogni caso**: *anyhow*.

I don't feel like eating, thanks anyhow. – Non ho voglia di mangiare, grazie lo stesso.

2.4.7 Aggettivi e pronomi indefiniti di quantità

Gli indefiniti "molto", "troppo" "tanto", "quanto" si traducono nei seguenti modi.

Molto:

- **very** + aggettivo o avverbio;

That girl is really clever. – Quella ragazza è proprio intelligente.

- **a lot of/lots of/much** + sostantivo singolare;

The debtors still owe us a lot of money. – I debitori ci devono ancora molto denaro.
There is not much fruit in the basket. – Non c'è molta frutta nel cestino.

- **a lot of/lots of/many** + sostantivo plurale;

Lots of rivers flow to the Mediterranean Sea. – Molti fiumi scorrono fino al Mar Mediterraneo.
Are there many people at the conference? – Ci sono molte persone alla conferenza?

- verbo + **a lot/very much**.

He smokes a lot. – Lui fuma molto.
I don't like Chinese food very much. – Non mi piace molto il cibo cinese.

Troppo, così tanto:

- **too/so** + aggettivo o avverbio;

Why are you so shy? – Perché sei così timido?
Try not to be so impolite. – Cerca di non essere così maleducato.

- **too much/so much** + sostantivo singolare;

You put too much water in the boiler. – Hai messo troppa acqua nel boiler.
I have got so much work to do! – Ho così tanto lavoro da fare!

- **too many/so many** + sostantivo plurale;

You have a stomachache because you ate too many chocolates. – Hai mal di stomaco perché hai mangiato troppi cioccolatini.
She's never received so many presents on her birthday. – Non ha mai ricevuto così tanti regali per il suo compleanno.

- verbo + **too much**.

I wouldn't insist too much if I were you. – Non insisterei troppo se fossi in te.

Quanto:

- **how** + aggettivo o avverbio;

You can't guess how stubborn he is. – Non puoi immaginare quanto sia testardo.

- **how much** + sostantivo singolare;

I wonder how much beer you drank last night. – Mi chiedo quanta birra tu abbia bevuto ieri sera.

- **how many** + sostantivo plurale;

How many children do they have? – Quanti bambini hanno?

- **how much** + verbo.

How much do you sleep at night? – Quanto dormi la notte?

Altre espressioni interrogative sono possibili con **how**:

- **how much is**...; quanto costa...;

How much are these shoes? – Quanto costano queste scarpe?

- **how far**, quanto dista...;

How far is your office from the bus station? – Quanto dista il tuo ufficio dalla fermata dell'autobus?

- **how long**, per quanto tempo…;

How long are you staying in town? – Quanto tempo resterai in città?

- **how often**, ogni quanto tempo…;

How often do you go to theatre? – Ogni quanto vai a teatro?

- **how large/big/wide/high/deep/long/tall**, per chiedere la larghezza, la grandezza, l'ampiezza, l'altezza, la profondità, la lunghezza di una cosa e l'altezza di una persona:

How high is the London Eye? – Quanto è alta la London Eye?

- **how old**, quanti anni …

How old is your father? – Quanti anni ha tuo padre?

2.4.8 Pronomi personali

I pronomi personali si suddividono in:

- pronomi personali soggetto;
- pronomi personali complemento.

I **pronomi personali soggetto** sono: *I*, *you*, *he*/*she*/*it*, *we*, *you*, *they* e accompagnano obbligatoriamente il verbo.

I **pronomi personali complemento** sono: *me*, *you*, *him*/*her*/*it*, *us*, *you*, *them*; essi hanno valore di complemento oggetto diretto e, se preceduti da preposizioni, di complemento indiretto.

Mary is my best friend and my parents love her. – Mary è la mia migliore amica e i miei genitori le vogliono bene.
Lucy explained the lesson to us. – Lucy ci ha spiegato la lezione.

2.4.9 Pronomi riflessivi e reciproci

I pronomi riflessivi reciproci accompagnano i verbi riflessivi[1] o hanno lo scopo di dare enfasi al soggetto dell'azione.

Sono: *oneself*, *myself*, *yourself*, *himself*/*herself*/*itself*, *ourselves*, *yourselves*, *themselves*.

I enjoyed myself very much. – Mi sono divertito molto.
She prepared this cake herself. – L'ha preparata lei, questa torta.

[1] Per il corretto uso dei pronomi riflessivi si veda il paragrafo 3.1.8 sui verbi riflessivi.

I **pronomi riflessivi reciproci** indicano un rapporto tra due termini: *each other* (l'un l'altro), *one another* (reciprocamente).

☞ **They helped each other.** – Si aiutano l'un l'altro.

2.4.10 Pronomi relativi

L'uso dei **pronomi relativi** varia in base alla funzione all'interno della frase e al tipo di soggetto o oggetto a cui si riferiscono. Si osservi la tabella seguente.

	PERSONE	COSE/ANIMALI
Soggetto	who	which/that
Compl. ogg.	whom/that	which/that
Compl. ind.	prep. + whom (who/that) + prep.	prep. + which (which/that) + prep.
Possesso	whose	whose/of which

☞ **The bell is ringing. *Who* is it?** – Suona il campanello. Chi è?

She took the train *that* leaves at 5 pm. – Ha preso il treno che parte alle 5.

Louis is the boy (*whom/that*) I met last summer in France. – Louis è il ragazzo che ho incontrato la scorsa estate in Francia. (Whom *è arcaico; al suo posto, si usa anche il pronome* who)

This is the house (that/which) I bought. – Questa è la casa che ho comprato.

***Who* were you talking *to*?/*With whom* were you talking?** – Con chi stavi parlando?

The day *on which* he left it rained hard. – Il giorno in cui partì pioveva molto.

***Whose* jacket is this?** – Di chi è questa giacca?

The girl *whose* father was arrested yesterday does voluntary work. – La ragazza il cui padre è stato arrestato ieri fa del volontariato.

I pronomi relativi si dicono *restrittivi* (*defining*) quando introducono una preposizione relativa che fornisce un'informazione indispensabile della persona o dell'oggetto a cui il pronome si riferisce; in tal caso non possono essere omessi. Si dicono invece *non restrittivi* (*non defining*), quando introducono una proposizione separata dalla principale mediante virgole e, pertanto, non possono essere omessi.

☞ **Mr Collins is the teacher who/that helped me to write my thesis.** – Mr Collins è l'insegnante che mi ha aiutato a scrivere la tesi.

The 6.30 train, which is usually very punctual, was late yesterday. – Il treno delle 6.30, che in genere è molto puntuale, ieri è arrivato in ritardo.

Nelle interrogative

Nell'interrogativa, hanno funzione di soggetto:

- **who**, *chi* (pronome, riferito a persone);
- **what/which**, *che cosa*, *quale* (pronomi o aggettivi riferiti a cose o animali).

Hanno funzione di complemento:

- **whom** / preposizione + **whom** / **who** + preposizione (*chi*, riferito a persona);
- **what/which** / preposizione + **which** (*cosa*, *quale*, riferito a cose o animali).

Who's going to attend the course? – Chi frequenterà il corso?

What caused you to be so puzzled? – Che cosa ti ha lasciato così perplesso?

At whom are you smiling?/Who are you smiling at? – A chi stai sorridendo? (*La prima forma è arcaica*)

What did you say? – Che cosa hai detto?

Here's my books. Which would you like to read? – Ecco i miei libri. Quale vorresti leggere?

2.5 Avverbi

Gli avverbi accompagnano i verbi e definiscono il modo dell'azione espressa dai verbi.

Per evitare di confonderli con gli aggettivi, è bene ricordare che:

- gli aggettivi hanno una posizione attributiva (precedono il sostantivo al quale si riferiscono) e predicativa (accompagnano i verbi *to be, to seem*), e forniscono un'informazione sul soggetto o sul nome; gli avverbi, invece, offrono un'informazione su modo, luogo, tempo e frequenza dell'azione espressa;
- gli avverbi possono modificare aggettivi, altri avverbi o un'intera frase:

He feels terribly sick. – Si sente terribilmente male.

Your test is completely wrong. – La tua prova è completamente sbagliata.

- la maggior parte degli avverbi si forma aggiungendo il suffisso *-ly* all'aggettivo da cui derivano (si veda § 2.5.1). Tuttavia, esistono aggettivi che terminano già in *-ly*: *friendly, likely, lovely, silly*, ecc.;
- esistono aggettivi e avverbi che hanno la stessa forma, come *fast* (*veloce, velocemente*).

All'interno della frase, gli avverbi si collocano:

- tra il soggetto e il verbo;
- dopo l'ausiliare o verbo servile;
- alla fine della frase;

• all'inizio della frase.

I usually have a cup of tea in the morning. – Di solito bevo una tazza di tè al mattino.

Fred will surely welcome your idea. – Fred accoglierà sicuramente la tua idea.

We haven't spoken to Jane recently. – Non abbiamo parlato con Jane di recente.

Sometimes your work doesn't meet my needs. – A volte il tuo lavoro non soddisfa le mie esigenze.

Nei paragrafi successivi sono descritte alcune importanti categorie di avverbi.

2.5.1 Avverbi derivati

Gran parte degli avverbi deriva da aggettivi ai quali viene aggiunto il suffisso *-ly*: *quickly* (velocemente), *recently* (recentemente), *slowly* (lentamente), *frequently* (frequentemente), *frankly* (francamente), *totally* (totalmente), *fully* (pienamente), *completely* (completamente) ecc.

Mrs Spark speaks very quickly. – Mrs Spark parla molto velocemente.

We have completely run out of oil. – Abbiamo finito del tutto la benzina.

He walks more slowly than a turtle. – Cammina più lentamente di una tartaruga.

2.5.2 Avverbi di frequenza

Gli avverbi di frequenza precedono il verbo o seguono l'ausiliare e il verbo modale; sono: *always* (sempre), *nearly always* (quasi sempre), *very often/frequently* (molto spesso/frequentemente),*often* (spesso), *usually* (di solito), *generally* (in genere), *normally (*normalmente*), sometimes* (talvolta), *occasionally* (occasionalmente*), seldom*/*rarely* (raramente), *hardly ever* (difficilmente, quasi mai), *never*/*ever* (mai), *not ever, never* (mai).

They generally have dinner at 7 p.m. – In genere cenano alle 7.

Mary should always have her car checked before leaving for a long journey. – Mary dovrebbe sempre far controllare la macchina prima di partire per un lungo viaggio.

Avverbi e pronomi composti di *ever*

Questi avverbi e pronomi sono composti da un interrogativo (*how*, oppure gli avverbi *when*, *where*, oppure i pronomi relativi *what*, *which*, *who*) e dall'avverbio di frequenza *ever* (mai):

• **however**, in qualche modo;

However things go I won't leave you. – Comunque andrà, non ti lascerò.

- **whatever**, qualsiasi cosa;

You can rely on me whatever you do. – Puoi contare su di me, qualunque cosa tu faccia.

- **whenever**, ogni volta che;

Whenever he meets his friends he can't help chatting for hours. – Ogni volta che incontra i suoi amici non può fare a meno di chiacchierare per ore.

- **wherever**, ovunque;

Wherever you go I'll follow you. – Ovunque andrai, ti seguirò.

- **whichever**, qualunque;

Those dresses are beautiful. Whichever you choose, you will look very smart. – Quegli abiti sono bellissimi. Qualunque tu scelga, sarai elegantissima.

- **whoever**, chiunque.

John, whoever phones, please tell them to leave a message. – John, chiedi a chiunque chiami di lasciare un messaggio.

2.5.3 Avverbi che richiedono l'inversione

Quando questi avverbi si trovano all'inizio di una frase, è opportuno invertire il soggetto e il verbo (o l'ausiliare/modale e il soggetto) per dare enfasi alla frase: *in* (in), *up* (su), *down* (giù), *off* (fuori), *back* (indietro), *away* (lontano), *here* (qui), *there* (là), *hardly ever* (quasi mai), *under no circumstances* (in nessun caso), *little* (appena, neanche lontanamente), *neither... nor* (né... né), *no sooner... than* (non prima che), *only* (solamente), *not only* (non solo), *not till* (finché), *never* (mai), *nowhere* (da nessuna parte), *not for one minute* (neanche per un istante), *not since* (non finché), *at no time* (mai), *in no way* (in nessun modo), *on no account* (per niente), *never again* (mai più), *only by* (solo con), *only then/when* (solo allora/quando), *scarcely ever* (quasi mai), *seldom* (raramente), *rarely* (raramente), *so* (così), *never again* (mai più).

Little could we have hoped to have such a success. – Non avremmo potuto sperare neanche lontanamente di avere un tale successo .

Under no circumstances would he move abroad. – In nessun caso si trasferirebbe all'estero.

Hardly ever did David get bad marks. – David non ha quasi mai preso brutti voti.

2.5.4 Come tradurre "abbastanza"

Molto spesso accade che gli avverbi *fairly*, *quite*, *rather*, *pretty*, *enough*, che significano *piuttosto, abbastanza*, vengano confusi nell'uso. In realtà, hanno una diversa forza e un diverso uso.

Fairly è il più debole, e per questa ragione non attribuisce un valore eccessivamente positivo a un concetto.

☞ **That film is fairly good.** – Quel film è piuttosto carino. (Significa: è un bel film ma c'è sicuramente di meglio)

Quite ha una forza superiore a *fairly*; non qualifica una cosa o un concetto come eccezionale, ma gli attribuisce sicuramente un buon valore;

☞ **That film is not the best I've seen in my life but it is quite good.** – Quel film non è il migliore che abbia visto in vita mia ma è piuttosto bello.

- *quite* può precedere anche un sostantivo, ma viene prima dell'articolo (*quite the right thing to do*);
- *quite* può precedere un verbo (*I quite like your idea*).

Rather ha un'intensità ancora superiore a *quite*, e implica un grado di positività maggiore a quella creduta o aspettata;

☞ **That film is rather good: I didn't expect it to be so interesting!** – Quel film è proprio bello: non mi aspettavo che fosse così interessante

---

- *rather* può anche precedere un sostantivo, e viene sempre prima dell'articolo (*rather a good idea*);
- *rather* può precedere un verbo (*I rather enjoy travelling*);
- *rather* può rafforzare anche i comparativi e precedere *too* (*rather more intelligent*);
- può accompagnare un'affermazione quando la si vuole rendere meno dirtetta, con il significato di *somewhat* (un po', piuttosto);
- si usa nella costruzione aggettivo + enough + for s.one + infin to*: it is reasonable enough for you to carry out further investigation* (è piuttosto ragionevole che tu faccia ulteriori indagini);
- *rather than* si usa nelle "parallel structures" con il significato di *piuttosto che*: *I'd prefer leaving in June rather than in August* (preferisco partire a giugno piuttosto che ad agosto);
- preceduto dall'ausiliare *would* forma il condizionale di *to prefer*. *He'd rather stay at home on Saturday night* (preferirebbe stare a casa sabato sera).

Pretty ha la forza di *rather*, ma il suo uso è piuttosto informale.

Enough può accompagnare un aggettivo, un avverbio, un sostantivo, e all'occorrenza è anche un pronome;

- *enough* segue sempre gli aggettivi e gli avverbi (*nice enough/ fast enough*);
- precede i sostantivi e i suoi determinanti (*enough food*);
- precede i pronomi (*enough of those*);
- può seguire *to be* se il soggetto è un pronome (*that's enough*).

2.5.5 Come tradurre "ancora"

Still, *again*, *yet*, *even*, *more* (tutti avverbi a parte *more*, che è la forma del comparativo di maggioranza di *much* e *many*) significano *ancora*, ma si usano in contesti diversi.

Still: *still* è un avverbio di tempo che indica il persistere di un'azione o di uno stato (con il significato di *tuttora*, *sempre*).

Neil is still playing the piano. – Neil sta ancora suonando il pianoforte.
"Would you like something else to drink?" "Yes, please. Still water". – "Vuoi qualcos'altro da bere?" "Sì, grazie. Ancora acqua".

Again: significa *di nuovo, nuovamente*, ed esprime la ripetizione di un'azione (anche per tradurre il prefisso italiano *ri-*).

It was such a hot day that after two hours I had a shower again. – Era un giorno così caldo che dopo due ore mi sono fatto ancora la doccia/mi sono rifatto la doccia.

Yet si trova sempre alla fine della frase e accompagna il verbo alla forma negativa: **not... yet** significa *non ancora.* Nelle interrogative affermative significa *già.*

We haven't saved enough yet. – Non abbiamo ancora risparmiato abbastanza.
Have you done the washing up yet? – Hai già lavato i piatti?

Even è un avverbio di quantità solitamente usato per rafforzare il comparativo; significa *persino.*

The results were even better than I thought. – I risultati furono persino migliori di quanto pensassi.

More significa *di più, dell'altro, ancora di più.*

She is not satisfied yet; she wants more. – Non è ancora soddisfatta; (ne) vuole di più.

2.6 Comparativi e superlativi

I comparativi esprimono i gradi della maggioranza, dell'uguaglianza e della minoranza di aggettivi, avverbi, sostantivi e verbi.

2.6.1 Il comparativo di maggioranza

Aggettivi

Il comparativo di maggioranza di un aggettivo si forma in base alla sua lunghezza: gli aggettivi monosillabici o bisillabici terminanti in *-y*, *-er*, *-ow*, *-e* prendono *-er*, gli altri aggettivi sono preceduti da *more*; in entrambi i casi il secondo termine di paragone è introdotto da *than*.

Jane is prettier than Susan. Susan is more stubborn than Jane. – Jane è più carina di Susan. Susan è più testarda di Jane.

Avverbi

Gli avverbi che derivano da un aggettivo (*slowly, frankly, quickly* ecc.) sono preceduti da *more* e seguti da *than*.

My father drives more slowly than my mother. – Mio padre guida più piano di mia madre.

Gli avverbi che non derivano da un aggettivo (*soon, fast, early* ecc.) formano il comparativo secondo le stesse regole degli aggettvi.

He came sooner than we expected. – Arrivò prima del previsto.

Sostantivi

I sostantivi singolari o plurali sono preceduti da *more* e sono seguiti da *than*.

John has got more friends than he used to. – John ha più amici di quanti ne aveva un tempo.

Verbi

I verbi sono seguiti da *more than*.

They have always studied more than you. – Loro hanno sempre studiato più di voi.

2.6.2 Il comparativo di uguaglianza

Aggettivi e avverbi

Gli aggettivi e gli avverbi sono preceduti e seguiti da *as*; alla forma negativa, possono essere preceduti anche da *so*.

We are as tired as them. – Siamo stanchi come loro.
She can't speak English so fluently as you. – Non sa parlare inglese così fluentemente come te.

Sostantivi

I sostantivi singolari sono preceduti da *as much* e seguiti da *as*; alla forma negativa possono essere preceduti da *so much*.

I drank as much wine as my friends. – Ho bevuto tanto vino quanto i miei amici.

I sostantivi plurali sono preceduti da *as many* (*so many* alla forma negativa) e seguiti da *as*.

You can take as many photos as you like. – Puoi fare quante foto vuoi.

Verbi

I verbi sono seguiti da *as much as*.

I never sleep as much as you do. – Non dormo mai quanto te.

2.6.3 Il comparativo di minoranza

Aggettivi e avverbi

Gli aggettivi sono preceduti da *less* e seguiti da *than*, che introduce il secondo termine di paragone.

This book is less interesting than that one. – Questo libro è meno interessante di quello.

Sostantivi

I sostantivi singolari sono preceduti da *less* e seguiti da *than*; i sostantivi plurali sono preceduti da *fewer* e seguiti da *than*.

We have made fewer mistakes than before. – Abbiamo fatto meno errori di prima.

Verbi

I verbi sono seguiti da *less than*.

My sister usually chats less than me. – Di solito mia sorella chiacchiera meno di me.

2.6.4 I superlativi

Il superlativo relativo

I superlativi di minoranza e di maggioranza si formano premettendo *the least* (superlativo di minoranza) o *the most* (superlativo di maggioranza) all'aggettivo;

in quest'ultimo caso, l'aggettivo terminante in *-er* al comparativo di maggioranza è preceduto soltanto da *the* e termina in *-est*.

Inoltre, quando il termine di confronto è una quantità o un gruppo, il superlativo è seguito da *of* o *among*; quando si tratta di un luogo, il superlativo è seguito da *in*; se il superlativo è seguito da una frase relativa, è seguito da *that*.

He is the least lazy of all. – Lui è il meno pigro di tutti.
That house is the most expensive in Cannes. – Quella casa è la più costosa di Cannes.
Mr Smith is the richest man that I have ever met. – Mr Smith è l'uomo più ricco che abbia mai conosciuto.

Il sostantivo relativo di minoranza dei sostantivi plurali si forma premettendo *the fewest*.

You have read the fewest books of all. – Hai letto meno libri di tutti.

Quando il confronto è tra due elementi, il superlativo è sostituito da un comparativo preceduto da *the*.

Of the two brothers, Nick is the nicer. – Dei due fratelli, Nick è il più simpatico.

Il superlativo assoluto

Il superlativo assoluto, che in italiano è dato dall'aggiunta del suffisso "-issimo" all'aggettivo, in inglese si costruisce premettendo *very, most, much* (seguito da un verbo alla forma passiva), *quite, very much* all'aggettivo o all'avverbio. Al posto di *very* e *much* si possono impiegare i seguenti avverbi: *absolutely, awfully, extremely, really, terribly*.

The bus was quite crowded. – L'autobus era affollatissimo.
That company is absolutely sound. – Quella società è solidissima/assolutamente solida.

2.6.5 Comparativi e superlativi irregolari

Nella formazione del comparativo e del superlativo di maggioranza, esistono alcuni aggettivi che si trasformano in modo irregolare, e che, pur rispettando le regole della formazione del comparativo e del superlativo, hanno altre forme e altri significati.

Eccone una tabella illustrativa.

AGGETTIVO	GRADO COMPARATIVO	GRADO SUPERLATIVO RELATIVO
bad (cattivo)	worse (peggiore di, peggio di)	the worst (il peggiore)
far (lontano)	farther/further (più lontano/ulteriore)	the farthest/the furthest (il più lontano)
few (pochi)	fewer (meno)	the fewest (meno)
good/well (buono/bene)	better (migliore di, meglio di)	the best (il migliore)
late (tardi)	later/the latter (più tardi/il secondo)	the latest/the last/last (il più recente/l'ultimo/scorso)
little (poco)	less (meno di)	the least (il meno, minimo)
much/many (molto/molti)	more (più)	the most/most (il più/la maggior parte di/ il maggior numero di)
near (vicino)	nearer (più vicino)	the nearest/the next/next (il più vicino/il successivo/il prossimo)
old (vecchio)	older/elder (più vecchio/il maggiore)	the oldest/the eldest (il più vecchio/il maggiore)

His elder brother is 20 years old. – Suo fratello maggiore ha vent'anni.
It's the last time I've lent you my car. – È l'ultima volta che ti presto la macchina.
The witness produced further evidence of her guilt. – Il testimone fornì ulteriori prove della sua colpevolezza.

2.6.6 Rafforzamento dei comparativi e dei superlativi

Esistono diverse parole che, anteposte al comparativo (tranne a quello di uguaglianza) o al superlativo, ne rafforzano il grado:

- *much, far, very much, a lot,* (con gli aggettivi, gli avverbi e i sostantivi singolari), *many* (con i sostantivi plurali), *rather* (con il comparativo di maggioranza), *even* significano *molto, molti, persino*;
- *a little, a bit* (con aggettivi, avverbi e sostantivi singolari), *a few* (con sostantivi plurali) significano *un po'* .

This exercise is far easier than the previous one. – Questo esercizio è molto più facile di quello precedente.

The film was a little less exciting than we expected. – Il film è stato un po' meno emozionante di quanto ci aspettassimo.

2.6.7 Particolarità

Quando due comparativi vengono messi in relazione, sono preceduti dall'articolo.

The more we are, the better it will be. – Più siamo e meglio è.

The less you sleep, the more dazed you feel. – Meno dormi e più ti senti intontito.

Sempre più e *sempre meno* si ottengono ripetendo il comparativo.

You are becoming more and more annoying. – Stai diventando sempre più irritante.

She is getting less and less patient. – È sempre meno paziente.

Alla fine della frase, *di più/di meno* vengono resi con **(the) most/the least**.

Going on a holiday with friends is what I like (the) most. – Andare in vacanza con gli amici è la cosa che mi piace di più.

---

3 VERBI

L'elemento più importante all'interno di una frase, ciò che le dà significato, è il verbo. A differenza di altre lingue, in inglese non esiste una vera e propria coniugazione del verbo; esiste una distinzione tra i modi e i tempi e a tal fine si utilizzano i verbi ausiliari (*to do*, *will* ecc.) o i suffissi (*-ed*, *-ing*). Non esistono, inoltre, coniugazioni diverse per le sei persone (a eccezione del *simple present*, dove la terza persona singolare del verbo si forma aggiungendo una *-s*), e il modo infinito è alla base di tutti i modi e i tempi (a eccezione del *simple past* e del *past participle*). Questa è la ragione per la quale in inglese si studia solo il paradigma di un verbo (*infinitive*, *simple past*, *past participle*).

Non esistono ausiliari per il modo congiuntivo (che viene comunemente tradotto con l'infinito, un presente semplice o un passato semplice); in compenso, esistono numerose sfumature per esprimere il futuro (si possono contare fino a sei modi per tradurlo) e il presente, per il quale esiste addirittura una forma (*present perfect*) che esprime un'azione iniziata nel passato e tuttora in corso.

Esistono anche le cosiddette forme progressive del verbo, valide per tutti i tempi e i modi, che evidenziano la continuità dell'azione.

3.1 Tipologie

3.1.1 Verbi ausiliari

I verbi ausiliari sono quelli che accompagnano gli altri in relazione al tempo verbale o al significato dell'enunciato (offerta, richiesta, negazione, volontà, possibilità, obbligo ecc.). Esistono due categorie di verbi ausiliari.

Il **primo gruppo** comprende quei verbi che hanno più di una funzione:

- *to be* (*am*, *is*, *are*, *was*, *were*): accompagna i participi e i gerundi nella formazione delle forme passive e progressive;

  Sue was playing the piano when I arrived. – Sue stava suonando il pianoforte quando arrivai (forma progressiva del verbo *to play* al passato: *past continuous*).

- *to have* (*have*, *has*, *had*): accompagna i participi passati per la formazione dei tempi composti;

  Have you finished your homework? – Hai finito i compiti? (tempo composto del verbo *to finish*: *present perfect*)

- *to do* (*do, does, did*): si usa per costruire le interrogative e le negative dei tempi semplici;

Did you feed the cat? – Hai dato da mangiare al gatto?

- *to let*: si usa nella formazione dell'imperativo.

Let's meet in the conference room. – Incontriamoci nella sala conferenze.

La **seconda categoria** di ausiliari è rappresentata dai **verbi servili** (*modals*), ovvero verbi che non hanno l'infinito, né la terza persona, e servono per formare le forme del passato, del futuro e del condizionale: *will/would*, *can/could*, *shall/should*, *must/ought to*, *may/might*, *need*.

I couldn't eat so much if I had flu. – Non riuscirei a mangiare così tanto se avessi l'influenza. (*could* condizionale di *can*, *potere*)

May I have some fruits, please? – Potrei avere della frutta, per favore? (*may*, verbo servile *potere*)

I shall be there in a couple of hours . – Sarò lì tra un paio di ore. (*shall*, ausiliare del futuro semplice)

Gli ausiliari *will/would, do/did* e *shall* enfatizzano anche l'azione del presente e del passato:

- *will* esprime ferma volontà o intenzione; si usa inoltre per esprimere inviti e rifiuti (*won't*), o per sottolineare abitudini comportamentali;

I will stop smoking! – Smetterò/Smetto di fumare! (intenzione e volontà)
Will you come with me to the exhibition? – Vieni con me alla mostra? (invito)

- *would* esprime un'abitudine del passato;

When he lived near the park, he would get up early and have a long walk. – Quando viveva vicino al parco, si alzava presto e faceva una lunga passeggiata.

- *do* e *did* accompagnano la forma base del verbo (al presente e al passato) quando si vuole enfatizzare l'azione;

My friends do help me if I need them. – I miei amici mi aiutano (senza ombra di dubbio) se ho bisogno di loro.

- *shall* introduce un invito o un'offerta.

Shall we go to the theatre tonight? – Andiamo a teatro questa sera?

3.1.2 Verbi servili (potere, volere, dovere)

I **verbi servili** o **modali** si distinguono dagli altri verbi poiché sono seguiti dalla forma base del verbo, non prendono la *-s* alla terza persona singolare del presente semplice, e sono ausiliari nelle frasi interrogative e negative.

Potere

Il verbo *potere* corrisponde a *can/could, may/might. May* esprime una possibilità meno certa di quella espressa da *can*, e si usa nelle interrogative per chiedere un permesso; *could* e *might* corrispondono al condizionale presente di *can* e *may*, e *might* esprime una possibilità ancor più remota di quella espressa da *may*; *could* è anche il *simple past* di *can*.

Potere si può anche tradurre *to be able to* (con il significato *essere in grado di*), che sostituisce *can* al futuro e al passato.

Nobody knows where Mark is; he may be ill or might have left for a journey. – Nessuno sa dov'è Mark; può essere malato o potrebbe essere partito per un viaggio.

It can't be true! – Non può essere vero!

When I was young I could jog for hours and hours. – Quando ero giovane riuscivo a fare jogging per ore e ore.

May I have some water please? – Posso avere dell'acqua, per favore?

I'm sure that I will be able to get that job. – Sono certo che riuscirò a ottenere quel lavoro.

Volere

Esistono diverse possibili traduzioni del verbo *volere* a seconda del significato che esso assume all'interno della frase.

- *To want* (volere), *to like* (piacere), *to wish* (desiderare);

  They want some beer. – Vogliono della birra.

  Sometimes I wish I lived on a desert island. – A volte vorrei vivere su un'isola deserta.

- *will/would*, per formulare inviti, richieste o esprimere un rifiuto ostinato;

  Will you listen to me, please? – Vuoi ascoltarmi, per favore?

  The window won't open. – La finestra non vuole aprirsi/non si apre.

- *to need, to require*, volerci, richiedere, preferire;

  We need/require more time to finish the job. – Ci vuole/Abbiamo bisogno di più tempo per terminare il lavoro.

- *would rather* (forma condizionale del verbo *to prefer*); al presente è seguito dall'infinito senza *to*, al passato è seguito da *have + past participle*. Se invece è seguito da una frase introdotta da *that*, al presente è seguito dal *simple past*, mentre al passato è seguito dal *past perfect*.

I would rather go. – Preferirei andarmene.

I would rather have gone. – Avrei preferito andarmene.

I would rather that they went. – Preferirei che se ne andassero.

I would rather that they had gone. – Avrei preferito che se ne fossero andati.

Dovere

Anche il verbo *dovere* ha molteplici traduzioni in base al significato che si intende esprimere.

- *Must* esprime un obbligo morale, la propria volontà di agire. *Mustn't* esprime divieto;

I feel so tired. I must sleep more at night! – Mi sento così stanco. Devo dormire di più la notte!

You mustn't walk on the grass. – Non devi/È vietato camminare sull'erba.

- *to have to* esprime obbligo imposto dalle circostanze, indipendentemente dalla volontà del soggetto, oppure assenza di necessità; sostituisce *must* nelle interrogative al futuro e al passato;

You must respect the law! – Devi rispettare la legge!

You can't go out because you have to do your homework. – Non puoi uscire perché devi fare i compiti.

- *shall* si usa nelle interrogative per formulare proposte; *should*, ausiliare del condizionale, è usato per esprimere un consiglio, un suggerimento (come l'italiano "dovrei");

Shall I close the window? – Devo chiudere la finestra?

They shouldn't believe whatever he says. – Non dovrebbero credere a tutto quello che dice.

- *need, needn't*, essere/non essere necessario. La forma negativa passata *didn't need to + infinito* si usa se l'azione non necessaria non è stata compiuta; *needn't have + past participle* si usa invece se l'azione non necessaria è stata compiuta (come *should have + past participle*);

You needn't come by car. I live in your district. – Non è necessario che tu venga/Non devi venire in macchina: vivo nel tuo quartiere.

You didn't need to come by car. I live in your district. – Non è stato necessario che venissi/Non sei dovuto venire in macchina: vivo nel tuo quartiere.

You needn't have come by car. The tank is empty now! – Non era necessario che venissi/Non dovevi venire in macchina. Il serbatoio è vuoto, adesso!

- *to be to*, azione programmata o ordini da rispettare;

The staff is to meet the new chairman at lunch time. – Lo staff dovrà incontrare il nuovo presidente all'ora di pranzo.

- *to be due to*, essere dovuto a, scadere, partire o arrivare;

The delay was due to the fog. – Il ritardo è stato dovuto alla nebbia.
The payment is due on 4th June. – Il pagamento è previsto per il 4 giugno.
The train is due to leave at 8 a.m. – Il treno deve partire/parte alle 8 del mattino.

- *to owe*, essere debitore.

He saved me. I owe my life to him. – Mi ha salvato. Gli devo la vita.

3.1.3 Verbi regolari e irregolari

Si dicono verbi **regolari** quei verbi la cui coniugazione al *simple past* e al *past participle* si forma aggiungendo il suffisso *-ed* alla forma base del verbo (infinito senza *to*); i verbi **irregolari**, di conseguenza, sono quelli per i quali è necessario studiare a memoria il paradigma, dal momento che le loro radici e i loro suffissi cambiano.

In Appendice al libro (si veda § 5.1) è riportato un elenco dei verbi irregolari più comuni con il rispettivo paradigma.

3.1.4 Verbi di opinione

I verbi di opinione introducono una frase oggettiva; quando introducono un'idea o un'azione futura, il verbo che segue è al *simple future*.

I principali verbi di opinione sono: *to agree* (essere d'accordo), *to feel* (sentire), *to forget* (dimenticare), *to imagine* (immaginare), *to mean* (intendere), to *realize* (accorgersi), *to recognize* (riconoscere), *to remember* (ricordarsi), *to see* (capire), *to find* (trovare), *to trust* (avere fiducia), *to hope* (sperare), *to suppose* (presumere), *to think* (pensare), *to doubt* (dubitare), *to believe* (credere), *to know* (sapere), *to consider* (considerare), *to count* (contare), *to understand* (capire), *to wonder* (chiedersi), *to say* (dire).

I suppose that she will come. – Suppongo che verrà/venga.

3.1.5 Verbi di percezione

I verbi di percezione sono: *to hear* (sentire), *to see* (vedere), *to listen* (ascoltare), *to feel* (provare), *to smell* (odorare), *to taste* (assaggiare), *to notice* (osservare), *to watch* (guardare), *to sound* (sentire/sembrare).

Quando, in italiano, i verbi di percezione sono seguiti da un infinito (per esempio: *lo vedo arrivare*), la traduzione dell'infinito in inglese cambia a seconda della sua funzione:

- quando l'infinito ha una funzione attiva (per esempio, *lo vedo arrivare*: lui arriva):
  a) se l'azione viene percepita dall'inizio alla fine, il verbo di percezione è seguito dall'oggetto e dalla forma base del verbo;

  I see him come. – Lo vedo arrivare.

  b) se l'azione è percepita durante il suo svolgimento, il verbo di percezione è seguito dall'oggetto e dal gerundio;

  I see him coming. – Lo vedo arrivare/mentre arriva.

- quando l'infinito ha una funzione passiva ovvero ricade sull'oggetto (per esempio: *vedo pulire il pavimento*):
  a) se l'azione percepita è stata completata, il verbo di percezione è seguito dall'oggetto e dal past participle;

  I watch the floor cleaned. – Osservo pulire il pavimento.

  b) se l'azione percepita è in fase di svolgimento, il verbo di percezione è seguito dall'oggetto e da *being* + past participle.

  I watch the floor being cleaned. – Osservo pulire il pavimento.

3.1.6 Verbi di sentimento

I verbi di sentimento sono: *to admire* (ammirare), *to appreciate* (apprezzare), *to fear* (temere), *to respect* (rispettare), *to want* (volere), *to wish* (desiderare), *to love* (amare), *to like* (piacere), *to prefer* (preferire), *to adore* (adorare), *to dislike* (non piacere), *to hate* (odiare). Sono seguiti da un verbo al gerundio quando il parlante esprime una preferenza generica.

In my free time I generally prefer painting and swimming. – Di solito, nel mio tempo libero preferisco dipingere e nuotare.

Sono seguiti da un infinito quando la preferenza viene espressa relativamente a una circostanza particolare.

What would you like to do this evening? – Che cosa vorresti fare questa sera?

3.1.7 Verbi di volontà

I verbi di volontà sono: *to wish* (desiderare), *to want* (volere), *to like* (piacere). In italiano i verbi di volontà possono essere seguiti da un infinito o da un verbo al modo congiuntivo; in inglese, per esprimere la volontà che qualcuno faccia qualcosa, il verbo è seguito dal pronome personale complemento (relativo alla persona che dovrebbe compiere l'azione per volere del parlante) e dall'infinito.

His friends want him to help them. – I suoi amici vogliono che li aiuti.
She likes her husband to cook. – A lei piace che suo marito cucini.

Il verbo *to wish* si comporta diversamente: è seguito dal pronome personale soggetto e dal *simple past* (o *past continuous* o *could* + *base*) per esprimere un desiderio presente, o dal *past perfect* (o *could* + *have* + *past participle*) per esprimere il dispiacere per un'azione accaduta nel passato, o, ancora, da *would* + *base* per esprimere irritazione per un'azione compiuta da altri.

We wish we could live/lived on our own. – Vorremmo vivere per conto nostro.

They wish the boy had not refused their offer. – Vorrebbero che il ragazzo non avesse rifiutato la loro offerta.

I wish you wouldn't be so late in the evening. – Vorrei che non arrivassi così tardi la sera.

3.1.8 Verbi riflessivi

Non tutti i verbi riflessivi italiani sono riflessivi anche in inglese; spesso, infatti, si traducono con il verbo *to get* seguito da un aggettivo o da un participio passato. Inoltre, l'uso dei pronomi riflessivi è limitato a quei verbi la cui azione ricade sullo stesso soggetto che la compie (a tale proposito si veda il paragrafo § 2.4.9 sui pronomi riflessivi).

He got angry because Luke had taken his car without telling him. – Si arrabbiò perché Luke aveva preso la macchina senza dirglielo.

We decided to avail ourselves of your offer. – Abbiamo deciso di approfittare della vostra offerta.

Non tutti i verbi riflessivi dell'italiano hanno un corrispettivo verbo riflessivo in inglese. Sono verbi riflessivi, qiundi seguiti dal pronome riflessivo:

• **to amuse**	divertirsi
• **to avail**	avvalersi
• **to behave**	comportarsi
• **to blame**	sentirsi responsabile
• **to burn**	bruciarsi
• **to consider**	considerarsi
• **to cut**	tagliarsi
• **to dress**	vestirsi
• **to enjoy**	divertirsi
• **to help**	servirsi

• **to hide**	nascondersi
• **to hurt**	ferirsi, farsi male
• **to look at**	guardarsi
• **to shave**	radersi
• **to wash**	lavarsi

Alcuni verbi riflessivi vengono usati anche senza il pronome riflessivo.

My brother gets up at 7.30, then he washes and shaves. – Mio fratello si alza alle 7.30, poi si lava e si rade.

Sono riflessivi in italiano ma non in inglese:

• **to apologize**	scusarsi
• **to be interested**	interessarsi
• **to be surprised, amazed**	stupirsi
• **to break up, separate**	lasciarsi, separarsi
• **to climb**	arrampicarsi
• **to complain**	lamentarsi
• **to concentrate**	concentrarsi
• **to congratulate**	congratularsi
• **to deign**	degnarsi
• **to dive**	tuffarsi
• **to fall asleep**	addormentarsi
• **to fall in love**	innamorarsi
• **to feel**	sentirsi
• **to forget**	dimenticarsi
• **to get engaged**	fidanzarsi
• **to get in with**	unirsi
• **to get up**	alzarsi
• **to get angry**	arrabbiarsi
• **to get bored**	annoiarsi
• **to get dirty**	sporcarsi
• **to get dressed**	vestirsi
• **to get drunk**	ubriacarsi
• **to get ill**	ammalarsi
• **to get lost**	perdersi
• **to get married**	sposarsi
• **to get ready**	prepararsi
• **to get tired**	stancarsi
• **to get upset**	sconvolgersi
• **to get wet**	bagnarsi

• **to get worried**	preoccuparsi
• **to hurry up**	sbrigarsi
• **to meet**	incontrarsi
• **to move**	trasferirsi
• **to notice, realize**	accorgersi, rendersi conto
• **to refer**	riferirsi
• **to remember**	ricordarsi
• **to rest, relax**	riposarsi, rilassarsi
• **to sit down**	sedersi
• **to stand up**	alzarsi
• **to stop**	fermarsi
• **to take off**	togliersi
• **to wake up**	svegliarsi
• **to wonder**	chiedersi
• **to worry**	preoccuparsi

Sono verbi reciproci in italiano ma non in inglese:

• **to embrace**	abbracciarsi
• **to fight**	lottare, battersi
• **to greet**	salutarsi
• **to kiss**	baciarsi
• **to marry**	sposarsi
• **to meet**	incontrarsi
• **to say hello/goodbye**	salutarsi

3.1.9 Verbi fraseologici (Phrasal Verbs)

Come già accennato nel paragrafo sulle preposizioni, un'altra particolarità dell'inglese sono i *phrasal verbs*, ovvero verbi seguiti da varie possibili preposizioni a seconda del significato. In Appendice sono riportati alcuni *phrasal verbs* comuni.

In 1914 World War I *broke out*. – La prima guerra mondiale è scoppiata nel 1914.

Her name *came up* in the conversation. – Il suo nome è venuto fuori durante la conversazione.

They're a perfect couple: they *get on* very well together. – Sono una coppia perfetta: vanno molto d'accordo.

Let's *look into* the matter before deciding. – Esaminiamo la questione prima di decidere.

If I could *turn back* time I wouldn't make the same mistakes again. – Se potessi tornare indietro non commetterei gli stessi sbagli.

3.2 Coniugazione: tempi verbali

I tempi verbali (presente, passato, futuro) e il condizionale hanno una forma semplice e una forma progressiva, ovvero la *-ing form* (che esprime l'azione in fase di svolgimento).

Le tabelle seguenti riportano per ciascun tempo verbale e per il modo condizionale le due forme possibili e i relativi esempi.

	SIMPLE FORM	**PROGRESSIVE FORM**
Present	Simple Present	Present Continuous
Past	Simple Past	Past Continuous
Future	Simple Future	Future Continuous
Conditional	Present Conditional	Present Conditional Continuous
Present Perfect	Present Perfect	Present Perfect Continuous
Past Perfect	Past Perfect	Past Perfect Continuous
Future Perfect	Future Perfect	Future Perfect Continuous
Perfect Conditional	Perfect Conditional	Perfect Conditional Continuous

Esempi

	SIMPLE FORM	**PROGRESSIVE FORM**
Present	**We have breakfast at 8 in the morning.** – Facciamo colazione alle 8 del mattino.	**We are having breakfast in the cafeteria near the office.** – Stiamo facendo/facciamo colazione nel bar vicino all'ufficio.
Past	**She drank a cup of tea for breakfast.** – Bevve una tazza di tè per colazione.	**She was drinking a cup of tea for breakfast.** – Stava bevendo una tazza di tè per colazione.
Future	**I think that tomorrow I will enjoy the party.** – Penso che domani mi godrò la festa.	**I think that tomorrow I will be enjoying the party.** – Penso che domani mi starò godendo la festa.

	SIMPLE FORM	PROGRESSIVE FORM
Conditional	**If the managers changed their mind, the president would review the plan.** – Se gli amministratori cambiassero idea, il presidente riesaminerebbe il progetto.	**If the managers changed their mind, the president would be reviewing the plan.** – Se gli amministratori cambiassero idea, il presidente riesaminerebbe/starebbe riesaminando il progetto.
Present Perfect	**The tennis players have played the second set.** – I tennisti hanno giocato il secondo set.	**The tennis players have been playing for one hour.** – I tennisti stanno giocando da un'ora.
Past Perfect	**She said that she had worked hard.** – Disse che aveva lavorato molto.	**She said that she had been walking for a couple of hours.** – Disse che stava camminando da un paio di ore.
Future Perfect	**In one year's time my boss will have taught me how to deal with clients.** – Tra un anno il mio capo mi avrà insegnato come trattare i clienti.	**Tomorrow my boss will have been teaching me how to deal with clients for one year.** – Domani il mio capo mi avrà insegnato/starà insegnando come trattare i clienti da un anno.
Perfect Conditional	**If they had known that you are so sensitive they wouldn't have made fun of you.** – Se avessero saputo che sei così sensibile, non ti avrebbero preso in giro.	**If they had known that you are so sensitive they wouldn't have been making fun of you for such a long time.** – Se avessero saputo che sei così sensibile, non ti avrebbero preso in giro per tutto quel tempo.

Non tutti i verbi in inglese hanno la forma progressiva. Infatti, i verbi che hanno soltanto la forma semplice sono:

- i verbi di **opinione** o di **pensiero**, di **percezione**, di **sentimento** o di **stato d'animo**, di **volontà**, di **possesso:** *to belong* (appartenere), *to have got* (avere), *to owe* (dovere), *to own* (possedere), t*o possess* (possedere);

- i verbi di **stato:** *to appear* (apparire), *to astonish* (stupire), *to be* (essere), *to concern* (riguardare), *to consist* (consistere), *to cost* (costare), *to depend* (dipendere), *to deserve* (meritare), *to impress* (colpire), *to include* (includere), *to involve* (coinvolgere), *to need* (aver bisogno), *to resemble* (somigliare), *to surprise* (sorprendere), *to weigh* (pesare).

Gli altri tempi verbali sono: *Imperative*, *Infinitive*, *Gerund* e *Subjunctive*.

3.2.1 Modi indefiniti

- *Infinitive*; *present*: to + base; *past*: to have + past participle.

  To be good at English. – Essere bravo in inglese.
  To have been good at English. – Essere stato bravo in inglese.

- *Gerund*; *present*: base + -ing; *past*: having + past participle.

  Having lunch. – Pranzando.
  Having had lunch. – Avendo pranzato.

- *Participle*; *present*: forma base + -ing: corrisponde al gerundio; *past*: forma base + -ed se il verbo è regolare.

  Surprising. – Sorprendente.
  Surprised. – Sorpreso.

Possono avere funzione di aggettivi o sostantivi (*verbals*), come in italiano.

No smoking. – Non fumare.
It was such an amusing show. – È stato uno show così divertente.

3.2.2 Forme del presente

- *Imperative*: *(don't) let* + pronome personale complemento + forma base, oppure *(don't)* base (per la seconda persona singolare e plurale).

  Let them go! – Lasciate che vadano!
  Pass me the salt, please! – Passami il sale, per favore.

- *Simple present*: si aggiunge *-s* alla forma base del verbo solo alla terza persona singolare; nelle forme interrogative, negative o interrogativo-negative si usano gli ausiliari *do/does*.

  What time do you usually go to bed? – A che ora vai a dormire, di solito?
  Sam has a shower after the football match. – Sam si fa la doccia dopo la partita di calcio.

- *Present continuous*: *to be* (al presente) + *-ing*; traduce l'espressione italiana *stare + gerundio*.

  They are waiting for the bus at the bus stop. – Stanno aspettando l'autobus alla fermata.

- *Present perfect*: *have/has + past participle*; questo tempo verbale esprime un'azione cominciata nel passato e ancora in fase di svolgimento, o i cui effetti sono ancora attuali; per tradurre il passato prossimo italiano, si sceglie il *present perfect* (invece del *simple past*) quando all'interno della frase non viene precisato il momento esatto in cui si è verificata l'azione.

Indicatori del present perfect sono:

gli avverbi *almost* (quasi), *already* (già), *always* (sempre), *just* (appena), *never/ever* (mai), *often* (spesso), *rarely/seldom* (raramente), *recently* (recentemente);

Kelly has just phoned to tell you that she will be late. – Kelly ha appena telefonato per dirti che arriverà in ritardo.

We have recently seen the exhibition of the masterpieces by Dalì. – Di recente abbiamo visto la mostra dei capolavori di Dalì.

---

le congiunzioni *for* (da: indicatore della durata dell'azione), *since* (da: indicatore del punto di inizio dell'azione);

We have known each other for twenty years. – Ci conosciamo da vent'anni.

We have known since 1979. – Ci conosciamo dal 1979.

---

yet: si trova sempre alla fine della frase; nell'interrogativa affermativa significa *già* (ed è sinonimo di *already*), nella negativa (*not... yet)* significa *non ancora*;

Has she left yet? – È già partita?

Mum hasn't finished the washing-up yet. – La mamma non ha ancora finito di lavare i piatti.

---

l'espressione *it is/was the first (second/third/...) time that*;

It is the first time that I have travelled with my cousin. – È la prima volta che viaggio con mio cugino.

---

il superlativo seguito da *that*;

That concert was the most exciting that I have ever been to. – Quel concerto è stato il più emozionante al quale io sia mai stato.

---

le espressioni: *all day* (tutto il giorno), *in my life* (in vita mia), *this week/month/year, in this century* (questa settimana/mese/anno, in questo secolo), *in the last days/weeks/ecc.* (negli ultimi giorni/settimane/ecc.), *so far, up to know* (finora).

In the last days he has worked hard. – Negli ultimi giorni ha lavorato molto.

- *Present perfect continuous*: è la forma progressiva del *present perfect* e si costruisce con *have/has + been + -ing*; indicatori di questa forma sono *for* (*da*, con l'indicazione della durata dell'azione) e *since* (da, con indicazione del punto di inizio nel tempo dell'azione).

The engineer has been working at the project since this morning. – L'ingegnere sta lavorando al progetto da questa mattina.

He has been driving for five hours. – Sta guidando da cinque ore.

3.2.3 Forme del passato

- *Simple past*: per i verbi regolari si forma aggiungendo *-ed*; l'ausiliare è *did*; esprime un'azione accaduta e conclusasi nel passato.

The student studied till late. – Lo studente ha studiato/studiava/studiò fino a tardi.

- *Past continuous*: *to be* (al passato) + *-ing*.

He was walking in the park when I met him. – Stava passeggiando nel parco quando lo incontrai.

- *Past perfect*: *had + past participle*; è il tempo delle azioni accadute prima di quelle espresse dal *simple past*; viene usato prevalentemente nel discorso indiretto e nel terzo periodo ipotetico.

My grandparents told me that they had got married during the war. – I miei nonni mi hanno raccontato che si sono sposati durante la guerra.

- *Past perfect continuous (duration form)*: *had + been + -ing*; è la forma progressiva del *past perfect*.

When I met him he said that he had been doing jogging for one hour. – Quando lo incontrai disse che stava correndo da un'ora.

3.2.4 Forme del futuro

- *Simple future*: si forma aggiungendo l'ausiliare *will* (*shall* alla prima persona singolare e plurale); esprime un'azione che accadrà in futuro indipendentemente dalla volontà di qualcuno, una previsione, un'opinione personale, o un'azione compiuta d'istinto, non predeterminata.

We are not sure that we will have a great time. – Non siamo sicuri che ci divertiremo.

In the next millennium computers will be more and more indispensable. – Nel prossimo millennio i computer saranno sempre più indispensabili.

What a windy day! I'll put the coat on. – Che giornata ventosa! Metterò/metto il cappotto.

- *Present continuous*: traduce il futuro in presenza di un indicatore temporale (avverbio o espressione di tempo, orari ecc.) e di un'azione programmata e che accadrà nel futuro immediato.

☞ **What are you doing on Saturday night?** – Che cosa farete sabato sera?

- *Futuro intenzionale*: *to be going to* + infinito; indica la ferma intenzione di compiere un'azione (*avere deciso/intenzione di*) o un'azione che sta indubbiamente per accadere (*stare per*).

☞ **I can't stand my neighbours. I'm going to move.** – Non sopporto i miei vicini. Mi trasferirò/Ho deciso di trasferirmi.

- *Future continuous*: *will be* + *-ing*; è la forma progressiva del *simple future*.

☞ **At the fancy dress party George will be wearing a navy uniform.** – Alla festa in maschera George indosserà un'uniforme della marina.

- *Future perfect*: *will have* + *past participle*; corrisponde esattamente al futuro anteriore italiano.

☞ **By the end of the year you will have made up your mind, I hope!** – Per la fine dell'anno avrai deciso, spero!

- *Future perfect continuous*: *will have been* + *-ing*; è la forma progressiva del *future perfect*.

☞ **Next week I'll have been working as a secretary for five years.** – La prossima settimana saranno cinque anni che lavoro come segretaria/avrò lavorato come segretaria per cinque anni.

3.2.5 Modo condizionale

- *Present conditional*: si costruisce con l'ausiliare *would* seguito dalla forma base del verbo.

☞ **They would never lie to me.** – Non mi mentirebbero mai.

- *Present conditional continuous*: *would be* + *-ing*; è la forma progressiva del condizionale.

☞ **If I were unemployed I would be looking for a job.** – Se fossi disoccupato starei cercando un lavoro.

- *Perfect conditional*: *would have* + *past participle*; corrisponde al condizionale passato.

☞ **His friends would have never imagined he was in trouble.** – I suoi amici non avrebbero mai immaginato che fosse nei guai.

- *Perfect conditional continuous*: *would have been + -ing*; è la forma progressiva del condizionale passato.

If your poems had been successful, you would have been publishing books. – Se le tue poesie avessero avuto successo, pubblicheresti / staresti pubblicando libri.

Gli ausiliari del condizionale possono anche essere *could* (potere), *should/ought to/had better* (dovere, fare meglio a).

We couldn't appreciate his strange paintings. – Non potremmo capire i suoi strani dipinti.

Pedestrians ought to watch carefully before crossing the street. – I pedoni dovrebbero guardare con attenzione prima di attraversare la strada.

3.2.6 Modo congiuntivo

Il congiuntivo si usa quando si parla di eventi o situazioni senza avere la certezza che accadranno, oppure che si spera o si immagina o si desidera che accadano.

In inglese il *subjunctive* è difficilmente usato se non in contesti molto formali. Inoltre, non esiste una vera e propria coniugazione e viene espresso con il *simple present*, il *simple past*, l'infinito o un verbo preceduto da *should*.

La sua presenza in una frase è indicata da:

- *if* (periodo ipotetico di secondo tipo), *as if*, *to wish*, *whatever*;

You behave as if you *were* the most miserable person in the world. – Ti comporti come se *fossi* la persona più infelice del mondo.

- i verbi introduttivi *to order* (ordinare), *to command* (comandare), *to insist* (insistere), *to demand* (esigere), *to request* (richiedere), *to ask* (chiedere, domandare), *to recommend* (raccomandare), *to propose* (proporre), *to suggest* (suggerire); sono anche seguiti da una frase introdotta da *that* e *should*;

They insist (that) he (should) *go* without them. – Insistono che egli *vada* senza di loro.

- dalle costruzioni impersonali con *it*: *it is important / essential / basic / necessary / desirable / vital / fundamental that...*

It is important that education *be* within reach of everyone. – È importante che l'istruzione *sia* alla portata di tutti.

4 SINTASSI

4.1 Regole principali

Esistono poche regole di base per costruire correttamente una frase o un periodo in inglese. Il principio da seguire è la semplicità, pertanto il classico ordine soggetto + verbo + complemento oggetto + complementi indiretti.

The two brothers founded the company with three mates of theirs in 2005. – I due fratelli hanno fondato la società con tre loro amici nel 2005.

- Il **soggetto** è la parte del discorso che non può essere omessa in nessun caso; i pronomi personali soggetto non compaiono davanti al loro verbo in rari casi: all'imperativo o quando lo stesso soggetto compie l'azione di due verbi separati dalla congiunzione *and*;

  Take that bag and go to the supermarket. – Prendi quella borsa e vai al supermercato.

  The Taylors wake up at 7.30 a.m., have breakfast and then go to work. – I Taylor si alzano alle 7.30, fanno colazione e vanno al lavoro.

  quando è possibile, le costruzioni personali vanno preferite a quelle impersonali con soggetto *it* (si veda § 4.3);

  Costruzione impersonale: **It is definite that they will agree with our plan.** – È sicuro che approveranno il nostro piano.

  Costruzione personale: **They will definitely agree with our plan.** – Approveranno sicuramente il nostro piano.

  quando il soggetto di una frase è l'infinito di un verbo, se si trova a inizio frase è opportuno tradurlo con un gerundio, se si trova in altra posizione meglio tradurlo con un infinito;

  Travelling is my passion. – Viaggiare è la mia passione.

  My favourite fantasy is to travel around the world. – Il mio sogno preferito è viaggiare intorno al mondo.

il *si impersonale* corrisponde a diversi soggetti: *you* (tu, informale), *we* (noi, se il parlante è coinvolto), *they, people* (essi, la gente, in senso generico), *one* (uno, formale).

People should respect the environment more. – Dovremmo rispettare di più l'ambiente.

- La **forma attiva** è preferibile a quella passiva;

Mark mi ha fatto un regalo per il compleanno:
Forma attiva: **Mark gave me a present for my birthday.**
Forma passiva: **I was given a present for my birthday by Mark.**

---

se il soggetto è indefinito, è chiaramente più opportuna la scelta della forma passiva.

The first skyscrapers were built at the beginning of the XX century. – I primi grattacieli sono stati costruiti all'inizio del XX secolo (invece di: **They built the first skyscrapers at the beginning of the century.** – Hanno costruito i primi grattacieli all'inizio del secolo.)

- Gli **avverbi di modo**, **di luogo e di tempo** di solito seguono il complemento oggetto diretto, o, in sua assenza, il verbo; l'ordine da seguire è: avverbio di modo, avverbio di luogo e avverbio di tempo.

I worked hard at the office today. – Ho lavorato molto in ufficio oggi.

Tuttavia, se non legati a un verbo in particolare, espressioni, avverbi e locuzioni avverbiali di tempo e di luogo vanno posti all'inizio della frase, immediatamente prima del soggetto, oppure alla fine.

In September 1997 a sudden earthquake caused serious damage in Umbria. – Nel mese di settembre del 1997 un improvviso terremoto causò gravi danni in Umbria.

- Le **frasi subordinate:** l'inglese è una lingua immediata e sintetica; ne consegue che troppe frasi subordinate all'interno di un periodo sono poco naturali, poiché (come del resto anche in italiano) appesantiscono e ritardano il significato e la comprensione.

È meglio esprimere concetti in più frasi separate da un punto o da un punto e virgola, possibilmente collegate in modo logico con le opportune congiunzioni.

Fred and Willie met in 1980. At that time they made a promise and decided never to break off their friendship. That is the reason why they spent five years together at the secondary school and, after that, found a job in the same company. Then, they both got married and decided to buy two large houses one opposite the other. However, their lives were inevitably different and in the end Fred moved to another town because of the new job he had found. – Fred e Willie si sono conosciuti nel 1980, anno in cui fecero una promessa e decisero di non rompere mai la loro amicizia. Ecco perché trascorsero cinque anni insieme alla scuola superiore e, in seguito, trovarono lavoro nella stessa società. Si sposarono entrambi, e decisero di comprare due grandi case una di fronte all'altra. Tuttavia, le loro vite erano inevitabilmente diverse, e alla fine Fred si trasferì in un'altra città a causa del nuovo lavoro che aveva trovato.

4.2 Punteggiatura

I segni di interpunzione trovano un uso piuttosto ridotto all'interno di una frase in inglese. La frequenza con cui si ricorre alle virgole, per esempio, risulta più limitata rispetto all'italiano, dal momento che nella lingua inglese scritta si preferisce interrompere un periodo con un punto o un punto e virgola.

4.2.1 Apostrofo

In inglese, l'apostrofo si usa soltanto:

- **nelle forme verbali contratte**: *can't* per *cannot*, *it's* per *it has*, *I'd* per *I would*, *I had*;

They've already finished their homework. – Hanno già finito i compiti.

- **per formare il plurale di lettere, anni e acronimi**: *Bs*, *1950s*, *CDs*;

During the 1970s the rise in oil prices brought about a world wide economic crisis. – Negli anni Settanta l'aumento dei prezzi del petrolio causò una crisi economica mondiale.

- **nel genitivo sassone**.

My husband's car is on sale. – La macchina di mio marito è in vendita.

4.2.2 Virgola

La virgola in inglese **NON si usa**:

- **nel discorso indiretto** prima delle parole *that* (che), *what* (cosa), *where* (dove), *when* (quando), *if* (se), *who* (chi);

☞ **The lawyer stated that his client was innocent.** – L'avvocato affermò che il suo cliente era innocente.

- **dopo i verbi di opinione** *to think* (pensare), *to believe* (credere), *to suppose* (supporre);

☞ **I wonder whether she has got that job.** – Mi chiedo se abbia ottenuto il posto.

- **prima delle identifying relative clauses**, perché la frase relativa è necessaria per dare significato al soggetto;

☞ **The sea that separates Europe from America is the Atlantic Ocean.** – Il mare che separa l'Europa dall'America è l'Oceano Atlantico.

- **tra due frasi grammaticalmente e/o concettualmente indipendenti**.

☞ **I apologize for what I said. I realize I was wrong.** – Mi scuso per quello che ho detto. Mi rendo conto di aver sbagliato.

4.2.3 Punto e virgola

Il punto e virgola separa due frasi indipendenti grammaticalmente ma non nel significato.

☞ **Your remarks are always so illogical. You should stop to think before speaking.** – Le tue osservazioni sono sempre così illogiche. Dovresti fermarti a pensare prima di parlare.

4.2.4 Due punti

Come in italiano, si usano prima di spiegazioni, elenchi, citazioni ecc.:

☞ **Today I did so many things: I got up later than usual, then I had a shower, went shopping, met my friends and did jogging in the evening.** – Oggi ho fatto tante cose: mi sono alzata più tardi del solito, mi sono fatta una doccia, sono uscita, ho fatto spese, ho incontrato i miei amici e la sera sono andata a correre.

4.3 Forma personale e forma impersonale

Esistono verbi che ammettono sia una costruzione **personale** (soggetto + verbo + infinito) sia una costruzione **impersonale** (*it* + verbo + aggettivo o una frase oggettiva introdotta da *that/to*). Tali verbi sono: *to seem* (sembrare), *to appear* (apparire), *to happen* (succedere), *to occur* (accadere), *to matter* (importare).

He seems to have won a journey / It seems that he has won a journey. – Sembra che abbia vinto un viaggio.

She happened to find a 100 pound note / It happened that she found a 100 pound note. – Le è capitato di trovare una banconota da 100 sterline.

He seems to be saving money / It seems that he is saving money. – Pare che stia risparmiando del denaro.

4.3.1 Cleft sentences

Le *cleft sentences* ("frasi spaccate, separate") sono frasi espresse alla forma impersonale al fine di evidenziare un concetto.

- *It is/was...* (seguito da qualsiasi elemento di una frase ad eccezione del verbo) *that/who*.

It was me that/who prepared the supper. – Sono io che ho preparato la cena.

- *What... is/was...*

What you really need now is to have a rest. – Quello di cui hai veramente bisogno ora è riposarti.

4.3.2 Altre costruzioni impersonali

Il pronome personale *it*:

- può introdurre un infinito o una subordinata (tranne quelle introdotte da *as* e *than*);

It is essential to be honest in life. – È fondamentale essere onesti nella vita.

It is inevitable that he wants to speak to you. – È inevitabile che voglia parlare con te.

They came earlier than expected. – Sono arrivati prima del previsto.

- può essere seguito da un aggettivo seguito da *for* + oggetto + infinito (o da that + soggetto + *should*);

It's basic for you to be aware of the risk that you are running/It's fundamental that you should be aware of the risk that you are running. – È fondamentale che tu sia consapevole del rischio che corri.

- può seguire i verbi *to find* (trovare), *to think* (pensare), *to judge* (stimare), *to consider* (considerare), *to believe* (credere), *to make* (fare), prima dell'aggettivo e dell'infinito;

I find it impossible to speak a language perfectly. – Trovo impossibile parlare una lingua in modo perfetto.

it non segue i verbi *to know* (sapere), *to tell* (dire), *to try* (provare), *to forget* (dimenticare) se riferito all'intera frase che precede.

A lady asked me the time but I didn't know. – Una signora mi ha chiesto l'ora ma non la sapevo.

4.4 Forma passiva

Il passivo in inglese segue le stesse regole dell'italiano: *to be* (coniugato al modo e al tempo della frase attiva) + *past participle.*

Those shoes are made in Taiwan. – Quelle scarpe sono prodotte a Taiwan.

Il complemento d'agente o di causa efficiente è introdotto dalla preposizione *by*, e può essere omesso quando è indeterminato (*they*, *you*, *someone*, *we*, *one* ecc.).

These photos have been taken by my boyfriend. – Queste foto sono state fatte dal mio fidanzato.

Animals must be respected (by us). – Gli animali devono essere rispettati (da noi).

Nei tempi semplici costruiti con un ausiliare o un modale, *to be* è alla forma base (*be*) e segue l'ausiliare o il modale (*will, would, can, must, could, should, may, might* ecc.).

The missing child will be found soon. – Il bambino smarrito sarà presto ritrovato.

The building could be inspected. – L'edificio potrebbe essere ispezionato.

Any tourist may be robbed. – Qualsiasi turista potrebbe essere derubato.

Nei tempi composti di ogni forma verbale al passato il verbo *to be* è al participio passato (*been*) e segue l'ausiliare (*have, had, would have, will have*).

She has been cheated by that man. – È stata ingannata da quell'uomo.

The burglar would have never been caught among the crowd. – Il ladro non sarebbe mai stato preso in mezzo alla folla.

By next month the news will have already been forgotten. – Il prossimo mese la notizia sarà già stata dimenticata.

Nelle forme progressive *to be* è alla forma in *-ing* (*being*) e segue l'ausiliare (*is*/*are*, *was*/*were*). Spesso il presente progressivo e il passato progressivo non si possono tradurre in italiano diversamente dalla rispettiva forma semplice; in inglese, tuttavia, la differenza tra le due forme è fondamentale poiché quella progressiva pone l'accento sull'azione in fase di svolgimento, e dona, quindi, una sfumatura di significato alla frase.

The letter is written/is being written. – La lettera è/viene scritta.
The letter was written/was being written. – La lettera è stata scritta/veniva scritta.
In entrambi i casi, la seconda versione "fotografa" il momento della stesura della lettera.

Il futuro progressivo e il condizionale progressivo non esistono alla forma passiva; solo il futuro e il condizionale semplice (al presente e al passato) hanno la forma passiva.

The letter will be written/will have been written. – La lettera sarà scritta / sarà stata scritta.
The letter would be written/would have been written. – La lettera sarebbe scritta / sarebbe stata scritta.

4.5 Collegamento tra le frasi (run-on sentences)

Due o più frasi indipendenti non dovrebbero mai essere separate da una virgola, bensì da:

- **un punto o un punto e virgola**;

  It's going to rain. Let's take the umbrella. – Sta per piovere. Prendiamo l'ombrello.

- **una transition word**: *however* (tuttavia), *therefore* (quindi), *also* (anche), *moreover* (inoltre), *thus* (cioè), *then* (poi), *consequently* (di conseguenza), *besides* (inoltre), *otherwise* (altrimenti) ecc.;

  We are going through a difficult period, therefore we are not going to employ anybody. – Stiamo attraversando un periodo difficile, quindi non assumiamo nessuno.

- **una congiunzione coordinante**: *but* (ma), *or* (o), *for* (per), *and* (e), *nor* (né), *yet* (eppure);

  His sister practises no sport nor cultivates any passion. – Sua sorella non pratica nessuno sport né coltiva qualche passione.

- **una congiunzione subordinante**: *although* (nonostante), *so* (così), *while* (mentre), *until* (fino a), *if* (se), *after* (dopo), *therefore* (quindi), *though* (benché), *since* (poiché), *as* (poiché), *because* (perché), *before* (prima), *where* (dove), *unless* (a meno che), *as soon as* (non appena) ecc.

Unless he comes in five minutes we will leave without him. – A meno che non arrivi entro cinque minuti, ce ne andremo senza di lui.

Esistono, inoltre, frasi subordinate relative introdotte dai pronomi *who* (*chi* soggetto riferito a persona), *that/which* (*che* soggetto o oggetto riferito a cosa), *whose* (il quale), *whom* (che-oggetto o complemento indiretto riferito a persona).

That vet, who also sells healthy food for pets, is very patient with animals. – Quel veterinario, che vende buon cibo per animali domestici, è molto paziente con gli animali.

Quando due o più nomi o gruppi di nomi sono soggetti dello stesso verbo, possono essere uniti dalla congiunzione *and* e dalle parole *along with* (con), *besides* (oltre a), *together with* (insieme a), *as well as* (come anche), *in addition to* (oltre a) e il verbo è al plurale.

This magazine as well as that newspaper will be issued by the end of the month. – Quella rivista e quel giornale saranno pubblicati entro la fine del mese.

4.5.1 Congiunzioni, preposizioni e locuzioni subordinanti e coordinanti

Esistono numerose parole o espressioni che permettono di collegare le frasi in un periodo introducendo le subordinate o aggiungendo altre principali. La conoscenza di tali elementi è utile al fine di costruire strutture sintattiche più articolate.

La **congiunzione** è quella parte invariabile del discorso che coordina due unità sintattiche principali, oppure ne subordina una all'altra (*ma*, *perché*). Nel primo caso si parla di congiunzioni coordinanti, nel secondo di congiunzioni subordinanti.

La **preposizione** è quella parte invariabile del discorso che, anteposta a un elemento della frase (sostantivo, pronome, verbo ecc.), ne stabilisce il rapporto con altri elementi da esso dipendenti (*di*, *a*, *da*, *in*, ...).

La **locuzione** è un gruppo di due o più parole che funzionano come unità grammaticali ed esprimono i diversi rapporti possibili tra i singoli elementi o tra i complementi della frase; possono avere una funzione *avverbiale* (se specificano il modo, il luogo e il tempo dell'azione: *di solito*), *prepositiva* e *congiuntiva* se svolgono la funzione di una preposizione o di una congiunzione (*riguardo a, a causa di*).

Nei paragrafi che seguono, si è pensato di raggruppare congiunzioni, preposizioni e locuzioni inglesi a seconda della funzione che svolgono all'interno di una frase, per renderne più immediate l'individuazione e la funzione. Saranno quindi elencati:

- elementi che introducono le coordinate;
- elementi che introducono le subordinate;
- elementi che introducono i complementi.

Elementi che introducono le coordinate

Correlativi:

- *both... and* (sia... sia); *neither... nor* (né... né); *either... or* (o... o);
- *not only... but also* (non solo... ma anche), *on the one hand... on the other hand* (da un lato... dall'altro).

Coordinanti:

- *and, together with, along with, as well as, also* (e, anche); *moreover, furthermore, in addition, besides* (oltre a, inoltre; all'inizio della frase); *or* (oppure).

Avversativi:

- *but, however, nevertheless, yet* (ma, eccetto, tuttavia, ciò nonostante, eppure).

Introducono un'associazione di idee:

- *by the way, incidentally* (a proposito).

Introducono la proposizione conclusiva:

- *in the end, at last, finally* (alla fine, infine).

Introducono un'ipotesi:

- *what if* (e se), *imagine* (immagina se).

Introducono la proposizione esplicativa:

- *actually, as a matter of fact, in actual fact, to tell the truth* (infatti, con valore esplicativo); *in fact* (in realtà).

Introducono la proposizione conclusiva:

- *so, then, consequently, as a consequence, as a result, therefore, thus* (quindi, allora, di conseguenza, perciò, dunque; all'inizio della frase).

Evidenziano il contrasto:

- *conversely, quite the reverse, instead, on the contrary* (contrariamente, al contrario, invece, anzi).

Introducono il dubbio e l'ipotesi:

- *perhaps, maybe* (forse).

Introducono la proposizione con valore avversativo:

- *anyway, at any rate, however* (comunque, ad ogni modo, tuttavia).

Introducono la proposizione temporale:

- *nowadays* (oggigiorno), *presently*, *at present*, *currently*, (attualmente), *over the last years*, *in the past* (in passato), *in the future* (in futuro), *once in a while*, *every so often*, *every now and then* (ogni tanto, di tanto in tanto).

Locuzione correlativa: **Susan is *not only* going to have a better salary *but also* to become the sales manager.** – Susan *non solo* avrà uno stipendo migliore *ma* diventerà *anche* direttore delle vendite.

Locuzione conclusiva: **I had been looking for a large flat in the city centre. *In the end* I decided to move to the countryside.** – Stavo cercando un appartamento nel centro città. *Alla fine* ho deciso di trasferirmi in campagna.

Locuzione temporale: ***Every now and then* I go and visit my grandparents.** – *Di tanto in tanto* vado a trovare i miei nonni.

Elementi che introducono le subordinate

La **causale** è introdotta da: *because*, *since*, *as*, *for* (perché, poiché, per).

La **concessiva** è introdotta da: *although*, *though*, *even though*, *even if* (*anche se*, seguite da una frase).

Le **finali** e **consecutive** sono introdotte da: *to*, *in order to*, *so... that* (*per*, *al fine di*, *affinché*, *cosicché*).

Le **temporali** sono introdotte da: *while*, *meanwhile*, *during* (mentre), *after*, *before* (dopo, prima, seguiti da gerundio), *as*, *as soon as*, *when* (non appena, quando), *until/till* (finché), *once* (una volta che), *before* (prima), *after* (dopo).

Le **condizionali** o **ipotetiche** sono introdotte da: *if*, *provided that*, *as long as*, *on condition that*, *when*, *as soon as* (se, supposto che, a condizione che, quando, non appena).

Le **comparative ipotetiche o modali** sono introdotte da: *as*, *as if*, *as though* (come, come se).

Le **dichiarative** sono introdotte dalla congiunzione *that* (che).

Le **relative** sono introdotte dai pronomi relativi: *who*, *whom*, *that*, *which* (si veda § 2.4.10).

Le **interrogative indirette** sono introdotte dagli avverbi e pronomi interrogativi: *who*, *whom*, *which*, *what*, *whose*, *why*, *when*, *where*, *how* (si veda § 4.8.2).

Finale: **Michael has found a job *in order to* earn money and buy a motorbike.** – Michael ha trovato un lavoro *per guadagnare soldi e comprare una moto.*

Condizionale-ipotetica: ***As soon as* I get that information I will let you know.** – *Non appena otterrò quell'informazione* te lo farò sapere.

Dichiarativa: **My friend says *that* you look a little annoyed when you meet him.** – Il mio amico dice *che sembri un pò infastidito quando lo incontri.*

Elementi che introducono i complementi

- **Il complemento di mezzo** è introdotto da: *by* (seguito anche dal gerundio), *with, through* (*attraverso, con, per mezzo di*);
- **il complemento di fine** è introdotto da: *to* (per, seguito dall'infinito), *for* (per, seguito da un gerundio);
- **il complemento appositivo e modale** è introdotto da: *like* (seguito da un sostantivo), *as* (seguito da un verbo);
- **il complemento d'agente o di causa efficiente** è introdotto da *by* (da);
- **Il complemento concessivo** è introdotto da: *despite, in spite of* (*nonostante, malgrado*, seguiti da nomi o *-ing form*);
- **il complemento di tempo** è introdotto da: *during* (mentre), *after, before* (dopo, prima), *for, in, at* (da/per, in, alle; si veda § 2.3.1 sulle preposizioni di tempo);
- **il complemento di luogo** è introdotto dalle preposizioni di luogo (si veda § 2.3.2) e da locuzioni: *out of, in the middle of, as far as* (fuori da, al centro di, fino a);
- **il complemento di esclusione** è introdotto da: *but, except* (eccetto, tranne);
- **il complemento giudicativo** è introdotto da: *according to..., in my opinion* (secondo..., secondo me);
- **il complemento di argomento** è introdotto da: *about, as to, as far as... is concerned, as for, regarding, as regards* (circa, per quanto concerne, quanto a);
- **il complemento di compagnia** è introdotto da: *and, with, together with, along with, as well as* (anche, e, con);
- **il complemento di sostituzione** è introdotto da: *instead of* (invece di, al posto di);
- **il complemento partitivo** è introdotto da: *among, of, of the* (tra, di/dei);
- **il complemento di causa** è introdotto da: *because of, owing to, due to, for* (a causa di, in ragione di, per);
- **il complemento di termine** è introdotto dalla preposizione *to*; tuttavia, viene sempre reso con il pronome personale complemento, salvo nel caso del doppio accusativo (si veda § 4.6);
- **il complemento di specificazione** può essere introdotto dalla locuzione *of the* quanto esiste un rapporto tra cose; negli altri casi si usa il genitivo sassone (si veda § 4.7);
- **i complementi di materia e di qualità** (in italiano introdotti dalle preposizini *di, a, da, con, in*) si rendono aggettivando i sostantivi (si veda § 2.4);

On my wedding day I will be wearing a gold necklace/a necklace made of gold. – Il giorno del mio matrimonio indosserò una collana d'oro.
That striped suit is horrible. – Quell'abito a strisce è orribile.

- **il complemento di modo** (in italiano introdotto dalle preposizioni *con, di, in, per*) in inglese viene reso con gli avverbi di modo (si veda § 2.5.1).

There was a general black out *because of the violent storm.* – Ci fu un black out generale a causa del violento temporale. (complemento di causa)

I'm going on the roof *with a ladder.* – Salirò sul tetto con una scala. (complemento di mezzo)

Why don't you read a book *instead of watching TV?* – Perché non leggi un libro invece di guardare la televisione? (complemento di sostituzione)

4.6 Doppio accusativo

Quando un verbo è seguito da due complementi, il complemento di termine precede il complemento oggetto;

They offered me *(termine)* a present *(oggetto).* – Mi hanno fatto un regalo.

se il complemento oggetto è espresso da un pronome, questo precede il complemento di termine (introdotto da preposizione).

I promise it *(oggetto espresso da pronome)* to you *(termine).* – Te lo prometto.

L'assenza di preposizione davanti al complemento di termine permette di impostare la frase al passivo impiegando il complemento come soggetto della frase.

(They told us a romantic story) -> We were told a romantic story. – Ci hanno raccontato una storia romantica.

Questo è possibile con i verbi:

• **to allow**	permettere
• **to ask**	chiedere
• **to award**	assegnare
• **to book**	prenotare
• **to bring**	portare
• **to build**	costruire
• **to buy**	comprare
• **to cause**	causare
• **to change**	cambiare
• **to charge**	affidare
• **to cook**	cucinare
• **to cost**	costare
• **to cut**	tagliare

• **to deal**	trattare
• **to do**	fare
• **to envy**	invidiare
• **to feed**	nutrire
• **to fetch**	andare a prendere
• **to fund**	fondare
• **to forgive**	perdonare
• **to forward**	inviare/promuovere
• **to get**	ottenere/prendere
• **to give**	dare
• **to grant**	concedere
• **to hand**	porgere/passare
• **to keep**	tenere
• **to leave**	lasciare
• **to lend**	prestare
• **to make**	fare
• **to offer**	offrire
• **to owe**	dovere
• **to pass**	passare
• **to pay**	pagare
• **to post**	imbucare
• **to pour**	versare
• **to prepare**	preparare
• **to promise**	promettere
• **to quote**	citare
• **to read**	leggere
• **to recommend**	raccomandare
• **to refuse**	rifiutare
• **to reserve**	serbare/conservare
• **to save**	salvare
• **to sell**	vendere
• **to send**	inviare
• **to serve**	servire
• **to show**	mostrare
• **to sing**	cantare
• **to spare**	risparmiare
• **to take**	prendere
• **to teach**	insegnare

- **to tell** dire
- **to throw** gettare
- **to write** scrivere

We were shown the photos they took in London. – Ci hanno mostrato le foto che hanno fatto a Londra.

We were granted a 10% discount on our order. – Ci hanno concesso uno sconto del 10% sul nostro ordine.

I verbi che rifiutano il doppio accusativo, e che sono seguiti dal complemento oggetto + to + complemento indiretto, sono:

- **to confess** confessare
- **to deliver** consegnare
- **to describe** descrivere
- **to dictate** dettare
- **to explain** spiegare
- **to introduce** introdurre
- **to reply** rispondere, replicare
- **to report** riferire
- **to say** dire
- **to suggest** suggerire

Bob is explaining this math formula to us. – Bob ci sta spiegando questa formula matematica.

The accused confessed the murder to the judge. – L'imputato confessò l'omicidio al giudice.

4.7 Genitivo sassone

Il genitivo sassone è la caratteristica espressione del possesso nella lingua inglese. Si costruisce nel seguente modo: possessore + 's + cosa posseduta.

James's sister is very pretty. – La sorella di James è molto carina.

My friend's car is powerful. – La macchina del mio amico è potente.

Si ricorda che:

- i sostantivi plurali terminanti in *-s* sono seguiti solo dall'apostrofo;

The tourists' luggage got lost. – I bagagli dei turisti andarono smarriti.

- se due o più possessori condividono il possesso della cosa, si aggiunge *'s* dopo il nome dell'ultimo possessore dell'elenco; quando il possesso non è condiviso, si aggiunge *'s* a ciascun nome;

Neil and Susy's parents married at 18 years old. – I genitori di Neil e Susy si sono sposati a 18 anni.

Neil's and Susy's bedrooms are on the second floor. – La camera da letto di Neil e quella di Susy sono al secondo piano.

- il genitivo sassone esprime un rapporto tra persone o animali, con nazioni o città, con espressioni di tempo, distanza e peso, con pronomi indefiniti;

The dog's bed is in the garden. – La cuccia del cane è in giardino.
Italy's best known artist is Leonardo da Vinci. – L'artista più conosciuto d'Italia è Leonardo da Vinci.

Yesterday's news was bad. – Le notizie di ieri erano cattive.

- il genitivo sassone non esprime un rapporto tra le cose, e non si usa in presenza di una proposizione relativa o di un complemento o di un avverbio che si riferiscono al possessore;

The father of Muriel, who works as a nurse in a hospital, is an excellent cook. – Il padre di Muriel, la quale lavora come infermiera in un ospedale, è un ottimo cuoco.

- il doppio genitivo è la costruzione grammaticale che traduce la struttura dell'italiano: determinante (articolo indeterminativo, aggettivo numerale, indefinito, partitivo, dimostrativo) + aggettivo possessivo; questo argomento è già stato trattato nel paragrafo sugli aggettivi e pronomi possessivi (§ 2.4.3).

Kevin is a good friend of theirs. – Kevis è un loro buon amico.
Mrs Taylor says that only a few students of hers passed the exams. – Mrs Taylor dice che solo alcuni suoi studenti hanno passato gli esami.

4.8 Interrogative e negative

Le interrogative dei verbi *to be*, *to have got*, *can*, *must* si costruiscono invertendo l'ordine soggetto-verbo, mentre le negative si ottengono aggiungendo *not*.[1]

Can I have some water, please? – Posso avere dell'acqua, per favore?
Sorry, but I haven't got any cigarettes left. – Mi dispiace, ma non ho più sigarette.

---

1 Nelle interrogative e nelle negative con *to have* si usano gli ausiliari *do/does/did*

Le interrogative e le negative di tutti gli altri verbi in inglese si costruiscono con gli ausiliari, quindi l'inversione tra soggetto e verbo: ausiliare + soggetto + forma base del verbo; la negativa si costruisce invece nel seguente modo: soggetto + ausiliare + not + base del verbo.

Do you usually have tea in the afternoon? – Di solito bevi del tè nel pomeriggio?

We don't share his ideas. – Non condividiamo le sue idee.

Le interrogativo-negative si costruiscono come un'interrogativa normale, ma l'ausiliare (o il verbo modale) è alla forma negativa.

Don't you have tea in the afternoon? – Non bevi tè nel pomeriggio?

Gli ausiliari

In base al modo e al tempo verbale si distinguono:

- **simple present**: *do/does, don't/doesn't*;
- **simple past**: *did/didn't*;
- **simple future**: *will/shall, won't/shan't*;
- **conditional**: *would/should/could, wouldn't/shouldn't/couldn't.*

The guests will arrive at 10 o'clock. – Gli ospiti arriveranno alle 10 in punto.

Could you answer the phone, please? – Potresti rispondere al telefono, per favore?

The passengers didn't realize the bus driver was drunk. – I passeggeri non si sono accorti che l'autista era ubriaco.

4.8.1 Le parole negative

Esistono parole che negano il verbo senza l'intervento del *not*:

- i **composti di no**: *neither ... nor* (né ... né), *nobody* (nessuno), *nowhere* (da nessuna parte), *none* (nessuno – pronome riferito a cosa), *no one* (nessuno – pronome riferito a persona), *nothing* (niente), *never* (mai);
- gli **avverbi** *hardly* (difficilmente), *rarely* (raramente), *barely* (a mala pena), *seldom* (raramente), *scarcely* (appena/difficilmente), *without* (senza).

Don't worry. I said nothing to the police. – Non ti preoccupare. Non ho raccontato nulla alla polizia.

There was such a noise that nobody could hear the baby cry. – C'era un tale baccano che nessuno sentiva il bambino piangere.

4.8.2 Gli interrogativi

Gli interrogativi sono parole che introducono diversi tipi di domanda a seconda dell'oggetto della richiesta: *why* (perché), *what* (che cosa), *who* (chi), *whom* (chi, quando non è soggetto), *which* (quale), *where* (dove), *when* (quando), *how* (come), *whose* (di chi).

Who is the young lady that you've met? – Chi è la signorina che hai conosciuto?
When were you born? – Quando sei nato?
Whose umbrella is that? – Di chi è quell'ombrello?

Si veda anche § 2.4.10 sui pronomi relativi.

L'interrogativo **what** può avere diverse costruzioni idiomatiche:

- *what if*: *e se…* (per avanzare un'ipotesi);

What if we went shopping at the weekend? – E se facessivo shopping nel weekend?

- *what's the matter/what's up/what's wrong/what is it?*: *che cosa c'è?, che cos'è successo?*

"What's up, Kelly?" "I lost my wallet". – "Cosa c'è, Kelly?" "Ho perso il portafoglio".

L'avverbio **how** interviene nella costruzione di diversi tipi di interrogative a seconda dell'aggettivo che lo segue (si veda anche § 2.4.7 sugli aggettivi e pronomi indefiniti); esistono infatti:

- *how much* (quanto), *how many* (quanti), *how far* (quanto dista), *how long* (per quanto tempo), *how often* (ogni quanto tempo), *how old* (quanti anni), *how large/big/wide/high/deep/long/tall* (per chiedere, rispettivamente, la larghezza, l'ampiezza, l'altezza, la profondità, la lunghezza, l'altezza di una persona).

4.8.3 Gli inviti

Per formulare un invito o una proposta in modo colloquiale e diretto, si può ricorrere alle seguenti costruzioni:

- *What about* + -ing?
- *Why* + *don't…*?
- *Why not* + base?
- *Let's* + base.

What about having lunch together? – Che ne dici di pranzare insieme?/E se pranzassimo insieme?
Why don't we go to the stadium to see the match? – Perché non andiamo allo stadio a vedere la partita?

4.8.4 Le question tags

Le cosiddette *question tags* sono quelle costruzioni idiomatiche che traducono *non è vero?* alla fine di una domanda. Si mette l'ausiliare o modale della frase alla forma opposta a quella della frase principale + il pronome personale soggetto della frase.

Her sister always complains about anything, doesn't she? – Sua sorella si lamenta di qualsiasi cosa, vero? (frase affermativa e question tag negativa)

Mr Collins couldn't join them at the show, could he? – Mr Collins non ha potuto raggiungerli allo spettacolo, vero? (frase negativa e question tag affermativa)

You remembered to phone him, didn't you? – Ti sei ricordato di telefonargli, vero? (frase affermativa e question tag negativa)

Casi particolari

- La question tag di *I am* è *aren't I*?;
- la question tag dei soggetti espressi da un pronome indefinito composto si forma con il pronome plurale *they*;

  Someone was late at work this morning, weren't they? – Qualcuno è arrivato tardi al lavoro questa mattina, vero?

- la question tag di una frase introdotta da *there is/are,* si forma con *there* come soggetto;

  There aren't many people at the exhibition, are there? – Non ci sono molte persone all'esposizione, vero?

- quando nella frase affermativa ci sono parole con significato negativo, la question tag è affermativa;

  My brother can *hardly* speak English, can he? – Mio fratello sa parlare appena l'inglese, vero?

- se la frase contiene un imperativo, la question tag si forma con *will/would* (solitamente per gli inviti), *can/could* (per chiedere a qualcuno di fare qualcosa); dopo un imperativo alla forma negativa la question tag si forma solo con will.

  Have a cup of coffee, won't you? – Prendi una tazza di caffè, vero?
  Give me that hat, can't you? – Mi dai quel cappello?
  Don't touch it, will you? – Non toccarlo, d'accordo?

4.8.5 Le same-way questions

Anche le *same-way questions* sono costruzioni interrogative idiomatiche, e traducono *davvero?, vero?, veramente?* quando si vuole esprimere sorpresa, formulare un'ipotesi o manifestare qualsiasi altro sentimento. Si formano rispettando la forma affermativa o negativa della frase principale, premettendo l'ausiliare o modale al pronome personale soggetto.

She is going to have a baby, is she? – Sta per avere un bambino, vero?
"Mr Jackson decided to quit his job". "Oh, did he?" – "Mr Jackson ha deciso di lasciare il lavoro". "Oh, davvero?"

4.8.6 Le reinforcement tags

Le *reinforcement tags* non sono strutture interrogative, ma fanno tuttavia parte di questo tipo di costruzioni idiomatiche. Caratterizzano il linguaggio parlato e hanno lo scopo di enfatizzare il concetto espresso nella frase. Si costruiscono ripetendo il soggetto e il verbo (ausiliare o modale) della principale alla fine della frase:

Sam is getting on very well at work, she is. – Sta davvero facendo progressi a lavoro.

A volte vengono usate per riportare il soggetto e l'ausiliare alla fine della frase, al fine di evidenziare il verbo posto all'inizio.

Making too much noise, you are. – Stai facendo troppo rumore!

4.9 Risposte

4.9.1 Le risposte brevi (short answers)

Le risposte brevi sono tipiche dell'inglese e permettono di rispondere affermativamente o negativamente alla domanda senza dover ripetere l'intera frase. La struttura è *yes, soggetto + ausiliare* per le risposte affermative, e per le risposte negative *no, soggetto + ausiliare + not.*

"Have you done any shopping?" "Yes, I have." – "Hai fatto acquisti?" "Sì."

"Did you ask for his telephone number?" "No, we didn't." – "Gli avete chiesto il numero di telefono?" "No."

4.9.2 L'espressione dell'accordo

Quando si vuole esprimere il proprio accordo con un'affermazione altrui, è necessario distinguere quella espressa alla forma affermativa da quella espressa alla forma negativa.

Accordo con frase affermativa

A un'affermazione espressa alla forma affermativa si risponde, in italiano, *"anch'io"*. In inglese, è possibile scegliere fra due costruzioni:

- si può ripetere l'intero concetto espresso e aggiungere *too* alla fine della frase;

  "We love ice-cream." "I love ice-cream too." – "Adoriamo il gelato." "Anch'io adoro il gelato."

- *so* + ausiliare/modale della frase principale + soggetto.

  "You should eat more vegetables." "So should you." – "Dovresti mangiare più verdura." "Anche tu."

Accordo con frase negativa

Per esprimere l'accordo con una frase negativa, in italiano si usa la congiunzione *neanche*. Ancora una volta, in inglese sono possibili due forme:

- è possibile ripetere la frase alla forma negativa e aggiugere *either* alla fine;

  "I didn't like the film at all!" "I didn't like it either!". – "Non mi è piaciuto per niente, il film!" "Neanche a me!"

- *neither* + ausiliare/modale della frase principale + soggetto.

  "My friends won't be able to drive me to the station." "Neither will I." – "I miei amici non potranno accompagnarmi alla stazione." "Neanche io."

4.9.3 I verbi di opinione nelle risposte

Quando si preferisce evitare di ripetere il concetto espresso nella domanda e si vuole aggiungere un verbo che precisi la propria idea, allora si può rispondere avvalendosi dei verbi di opinione *to think* (pensare), *to believe* (credere), *to hope* (sperare), *to suppose* (supporre), *to imagine* (immaginare), *to be afraid* (temere), *to guess* (indovinare/supporre), *to reckon* (ritenere), *to expect* (aspettarsi) ecc., e aggiungere:

- *so* per affermare;

  "Is Mark coming with us on holiday?" "I think so". – "Mark verrà con noi in vacanza?" "Penso di sì".

- *not* per negare (è possibile anche negare il verbo e farlo seguire da *so*).

  "Did he buy that beautiful car?" "I suppose not/I don't suppose so". – "Ha comprato quella splendida macchina?" "Suppongo di no".

È possibile anche un'altra costruzione con il *so* + soggetto + i verbi *to say* (dire), *to hear* (sentire), *to understand* (capire, intendere), *to tell* (dire).

"The Mayor has decided to limit the traffic in the city centre." "So I heard/So the newspaper says". – "Il sindaco ha deciso di limitare il traffico in centro." "L'ho sentito anch'io/Così dice il giornale".

4.10 Periodi ipotetici

Esistono tre periodi ipotetici (*conditional sentences*):

- periodo ipotetico di primo tipo: si riferisce a un'azione che potrà accadere in futuro;
- periodo ipotetico di secondo tipo: si riferisce a una realtà possibile;
- periodo ipotetico di terzo tipo: si riferisce a una circostanza oramai passata e quindi a una realtà non più possibile.

Il periodo ipotetico è composto da una **frase subordinata introdotta da *if*** (se), *when* (quando), *as soon as* (non appena), *till/until* (fino a quando), *provided* (purché), *as long as* (finché/per tutto il tempo che), *after* (dopo che), *before* (prima che), *by the time* (al momento in cui/per l'ora in cui), *on condition that* (a condizione che/di), *just suppose*, *supposing that* (supponendo che), *if only* (se solo) e da una **frase principale**. I modi e i tempi verbali utilizzati sono i seguenti:

	Subordinata (if-clause)	Principale (main-clause)
1	Simple Present (or Present Perfect, Present Continuous)	Simple Future (or Imperative, Simple Present)
2	Simple Past (or Past Continuous, Should, Could)	Present Conditional (or Present Conditional Continuous)
3	Past Perfect (or Past Perfect Conditional)	Perfect Conditional (or Present Conditional, Perfect Conditional Continuous)

When I go and live in Brussels I'll send you one letter a day. – Quando andrò a vivere a Bruxelles ti scriverò una lettera al giorno.
You would tell me what you think if you were sincere. – Mi diresti quello che pensi se fossi sincero.
They could have passed the test if they had attended the course regularly. – Avrebbero potuto passare la prova se avessero frequentato il corso regolarmente.

Molto spesso accade che la congiunzione *if* venga omessa all'inizio della subordinata ipotetica in favore di un'inversione tra il verbo o ausiliare e il soggetto della frase.

Should you ever come to Oxford, I will show you around. – Se dovessi mai venire a Oxford, ti mostrerò la città. (Invece di: **If you should ever come...**)

Were he to realize how absurd his plan is, he wouldn't proceed with it. – Se si rendesse conto dell'assurdità del suo progetto, non andrebbe fino in fondo. (Invece di: **If he realized how absurd his plan is, ...**)

4.10.1 L'ipotesi

Esistono costruzioni che esprimono un significato ipotetico e che sono introdotte da diversi elementi:

- *if only* (se soltanto), *to wish* (desiderare): sono seguiti da un verbo al *simple past* o *could* quando esprimono un'ipotesi al tempo presente, o un verbo al *past perfect* se l'ipotesi vale per il tempo passato; possono essere seguiti dal condizionale introdotto da *would* quando esprimono una critica al comportamento di qualcuno o il desiderio che qualcuno facesse qualcosa;

  I wish I were rich! – Vorrei essere ricco!

  If only you had arrived on time (but you didn't). – Se soltanto fossi arrivato in tempo *(ma non lo hai fatto)*.

  I wish you wouldn't watch TV so much. – Vorrei che non guardassi la televisione così tanto.

- *as if/as though* (come se) sono seguiti dal *simple present* quando si vuole esprimere una possibilità; sono seguiti dal *simple past* quando si vuole esprimere l'impossibilità dell'ipotesi;

  She acts as if she is a boss. – Si comporta come un capo.

  She acts as if she were a boss. – Si comporta come se fosse un capo.

- *it's time* (è ora che) può essere seguito dall'infinito o da *for*, pronome personale complemento + infinito;

  It's time to go now. – È ora di andare adesso.

  It's time for you to go. – È ora che tu vada.

- *would rather* (condizionale di *to prefer*) è seguito dalla forma base o dal pronome personale complemento e *simple past* per un'ipotesi presente; è seguito dal *past perfect* per esprimere l'ipotesi riferita al passato;

They would rather have some beer. – Preferirebbero bere della birra.
They would rather had had a pint of beer. – Avrebbero preferito bere una pinta di birra.

- *would like* (condizionale di volere) al presente è seguito dall'infinito; al passato, può essere seguito da un infinito passato o si può ricorrere alla forma *would have liked* seguita da un infinito presente o passato.

I would like to leave before. – Vorrei partire prima (presente).
I would like to have left before. – Vorrei essere partito prima (passato).
I would have liked to have left before. – Sarei voluto essere partito prima (passato).

4.11 Discorso indiretto

Per trasformare un discorso diretto in discorso indiretto, è necessario modificare i tempi verbali e rispettare la successione temporale, nonché la variazione delle espressioni di tempo e di luogo.

Il seguente elenco illustra le trasformazioni dei tempi verbali nel passaggio dal discorso diretto al discorso indiretto:

- Simple Present -> Simple Past
- Present Continuous -> Past Continuous
- Present Perfect -> Past Perfect
- Present Perfect Continuous -> Past Perfect Continuous
- Simple Past -> Past Perfect
- Future Tense -> Present Conditional
- Future Continuous -> Present Conditional Continuous
- Imperative -> Infinitive
- Can -> Could
- May -> Might
- Shall -> Should

Tutti gli altri tempi verbali non cambiano.

Anche le espressioni di tempo e di luogo vengono adattate al discorso indiretto, come indicato nell'elenco seguente:

- Here -> There
- Now -> Then
- Today -> That day
- Tomorrow -> The following day/The day after
- Yesterday -> The previous day/the day before
- Ago -> Before
- Next year/week/… -> The following year/week/…

- Last week/year/... -> The previous week/year/...
- The day before yesterday -> Two days before
- The day after tomorrow -> In two days' time
- Shall -> Should

Ecco alcuni esempi.

Dal *simple present* al *simple past*

Discorso diretto: **"Next month I will leave for California".** – "Il mese prossimo partirò per la California".

Discorso indiretto: **Ken informed his friends that the following month he would leave for California.** – Ken informò i suoi amici che il mese successivo sarebbe partito per la California.

Dal *present perfect* al *past perfect*

Discorso diretto: **"I haven't finished my homework yet".** – "Non ho ancora finito i compiti".

Discorso indiretto: **He admitted that he hadn't finished his homework yet.** – Ammise che non aveva ancora finito i compiti.

Dal *simple future* al *present conditional*

Discorso diretto: **"We will be there on time!".** – "Arriveremo in tempo!".

Discorso indiretto: **They promised they would be there on time.** – Promisero che sarebbero arrivati in tempo.

Da *may* a *might*; da *today* a *that day*

Discorso diretto: **"According to the weather forecast, it may rain next week!".** – "Secondo le previsioni del tempo, la prossima settimana potrebbe piovere!".

Discorso indiretto: **She warned that according to the weather forecast it might rain the following week.** – Avvisò che secondo le previsioni del tempo la settimana successiva sarebbe potuto piovere.

Da *ago* a *before*

Discorso diretto: **"We met Jill two days ago".** – "Abbiamo incontrato Jill due giorni fa".

Discorso indiretto: **They stated that they had met Jill two days before.** – Affermarono di avere incontrato Jill due giorni prima.

Da *last week* a *the previous week*

Discorso diretto: **"You know, last week I left my job and found a better one!".** – "Sai, la scorsa settimana ho lasciato il lavoro e ne ho trovato uno migliore".

Discorso indiretto: **He told me that the previous week he had left his job and had found a better one.** – Mi disse che la settimana prima aveva lasciato il lavoro e ne aveva trovato uno migliore.

Il discorso diretto in inglese non è introdotto dai due punti, ma dalla virgola.

4.11.1 Verbi introduttivi

I verbi più frequentemente usati per introdurre un discorso indiretto sono:

to add	aggiungere
to admit	ammettere
to advise	consigliare
to agree	essere d'accordo
to announce	annunciare
to answer	rispondere
to apologize	scusarsi
to argue	controbattere
to ask	chiedere
to assure	assicurare
to beg	implorare
to blame	biasimare, incolpare
to boast	vantarsi
to claim	reclamare
to complain	lamentarsi
to concede	ammettere, concedere
to conclude	concludere
to confess	confessare
to cry	urlare, gridare, piangere
to deny	negare
to deplore	deplorare
to disagree	non essere d'accordo
to discourage	scoraggiare
to dissuade	dissuadere
to encourage	incoraggiare

to entreat	supplicare
to exclaim	esclamare
to explain	spiegare
to forbid	proibire
to grumble	brontolare
to inquire	indagare, richiedere informazioni
to instruct	dare istruzioni
to invite	invitare
to mention	citare
to object	obiettare
to observe	osservare
to order	ordinare
to persuade	convincere, persuadere
to point out	precisare
to pretend	affermare, pretendere
to propose	proporre
to protest	protestare
to recommend	raccomandare
to remark	osservare
to remind	ricordare
to repeat	ripetere
to reply	rispondere
to request	richiedere
to say	dire, affermare
to state	affermare
to suggest	suggerire
to tell	dire, raccontare
to threaten	minacciare
to urge	insistere
to want to know	voler sapere
to warn	avvisare, ammonire
to wonder	chiedersi

The doctor recommended that she shouldn't smoke. – Il dottore le raccomandò di non fumare.

The detective wondered why the victim had been killed. – L'investigatore si chiedeva perché la vittima fosse stata uccisa.

At the examination Bruce mentioned Newton's theory. – All'esame Bruce citò la teoria di Newton.

4.12 Verbi seguiti da infinito (to + base), gerundio (-ing) o that + soggetto + should

Una delle difficoltà della sintassi inglese è capire quale modo verbale utilizzare dopo un verbo. Di seguito sono elencati i verbi che richiedono un infinito, oppure un gerundio oppure una frase introdotta da *that*.

4.12.1 Infinito (to + forma base del verbo)

Sono seguiti solo dall'infinito:

• **to afford to**	permettersi di
• **to agree to**	essere d'accordo a
• **to arrange to**	organizzare
• **to ask to**	chiedere di
• **to be able to/easy to/hard to / difficult (ecc.)**	essere in grado di, facile, difficile, difficile (ecc.)
• **to beg to**	implorare di
• **to bother to**	disturbarsi a
• **to choose to**	scegliere di
• **to claim to**	affermare, rivendicare, esigere
• **to condescend to**	condiscendere a
• **to consent to**	acconsentire a
• **to decide to**	decidere di
• **to decline to**	rifiutare di
• **to demand to**	domandare di
• **to deserve to**	meritare di
• **to guarantee to**	garantire di
• **to have the right to**	avere il diritto di
• **to have to**	dovere
• **to help (to)**	aiutare a
• **to hesitate to**	esitare a
• **to hope to**	sperare di
• **to learn to**	imparare a
• **to make an effort to**	sforzarsi, impegnarsi a
• **to make up one's mind to**	decidersi a

• **to manage to**	riuscire a
• **to need to**	avere bisogno di
• **to neglect to**	trascurare di
• **to offer to**	offrire/-rsi di
• **to pause to**	fermare/-rsi per
• **to plan to**	programmare di
• **to prove to**	provare, dimostrare di
• **to refuse to**	rifiutare/-rsi di
• **to rush to**	affrettarsi, precipitarsi a
• **to take the trouble to**	darsi la pena, preoccuparsi, prendersi la briga di
• **to take time to**	volerci per, impiegarci per
• **to tend to**	tendere a
• **to turn out to**	rivelarsi
• **to undertake to**	impegnarsi a, intraprendere

☞ **My parents are planning to buy a new house in Germany**. – I miei genitori stanno programmando di/hanno in programma di comprare una nuova casa in Germania.

We arranged to accommodate our grandmother. – Ci siamo organizzati per ospitare nostra nonna.

The measures we had taken proved to be best we could ever adopt. – I provvedimenti che abbiamo preso si sono dimostrati i migliori che potessimo mai adottare.

Sono seguiti dall'infinito tutti quei verbi che esprimono:

- **un'idea futura**: *to aim* (mirare), *to desire* (desiderare), *to endeavour* (sforzarsi/tentare), *to expect* (aspettarsi), *to fail* (fallire), *to happen* (succedere), *to hope* (sperare), *to long* (desiderare ardentemente), *to mean* (intendere), *to prepare* (preparare), *to proceed* (procedere), *to promise* (promettere), *to propose* (proporre), *to refuse* (rifiutare/-rsi), *to seek* (cercare/perseguire), *to swear* (giurare), *to threaten* (minacciare), *to volunteer* (offrirsi), *to want* (volere), *to wish* (desiderare);

☞ **He hopes to find an interesting job.** – Spera di trovare un lavoro interessante.

The new economic policy aims to increase productivity. – La nuova politica economica mira ad aumentare la produttività.

She swore not to say those words again. – Giurò di non dire più quelle parole.

- **un'idea di ritardo**: *to hesitate* (esitare), *to wait* (aspettare) ecc.;

  Don't hesitate to call me if you need my help. – Non esitare a chiamarmi se hai bisogno del mio aiuto.

  We are waiting to meet his new girlfriend. – Stiamo aspettando di conoscere la sua nuova fidanzata.

- **un'idea di persuasione**: *to cause* (causare), *to compel* (costringere), *to encourage* (incoraggiare), *to force* (forzare), *to get* (convincere), *to help* (aiutare), *to instruct* (istruire), *to invite* (invitare), *to persuade* (persuadere), *to warn* (avvisare), *to teach* (insegnare). Questi verbi sono solitamente seguiti dall'oggetto;

  I forced him to stay at home in the evening. – L'ho costretto a stare a casa la sera.

  They persuaded me to follow their advice. – Mi hanno convinto a seguire i loro consigli.

- **un'idea di apparenza**: *to seem* (sembrare), *to appear* (apparire), *to believe*[1] (credere), *to pretend* (fingere), *to profess* (professare/manifestare/dichiararsi), *to think*[1] (pensare).

  You pretend to feel sick so as not to go to school. – Tu fingi di stare male per non andare a scuola.

  Once asbestos was thought to be safe. – Una volta si pensava che l'amianto fosse sicuro.

Sono seguiti dall'infinito senza il *to*:

- **verbi difettivi o modali**: *can/could (potere)*, *may/might* (potere), *shall/should* (dovere), *will/would* (volere), *must* (dovere), *need* (essere necessario), *would rather* (preferire), *had better* (fare meglio);

  Your colleagues should explain their job to you. – I tuoi colleghi dovrebbero illustrarti il loro lavoro.

  You had better apologize to her. – Faresti meglio a scusarti con lei.

  It's windy, but it may rain. – C'è vento, ma potrebbe piovere.

- **to make, to let** (nelle traduzioni di: fare + infinito e all'imperativo);

  Let the children play in the garden! – Lascia che i bambini giochino in giardino.

  The noise made the baby cry. – Il rumore ha fatto piangere il bambino.

- **verbi di percezione** (si veda § 3.1.5).

  The woman heard her baby cry. – La donna sentì il suo bambino piangere.

1 Questi verbi sono seguiti dall'infinito soltanto se sono alla forma passiva.

4.12.2 Gerundio (-ing)

Sono seguiti da un verbio al gerundio:

• **to abandon**	abbandonare
• **to admit**	ammettere
• **to advocate**	difendere, sostenere
• **to anticipate**	anticipare
• **to avoid**	evitare
• **to be busy**	essere occupato
• **to be no good**	non servire a nulla, essere inutile
• **to be no use/useless**	essere inutile
• **to be worth(while)**	meritare
• **to celebrate**	festeggiare
• **to consider**	considerare
• **to contemplate**	contemplare
• **to defer**	differire, rinviare
• **to deny**	negare
• **to doubt**	dubitare
• **to entail**	comportare, richiedere, esigere
• **to envisage**	prevedere, considerare
• **to escape**	fuggire
• **to evade**	evitare, eludere, fuggire
• **to face**	affrontare
• **to feel like**	avere voglia di
• **to imagine**	immaginare
• **to involve**	coinvolgere
• **to loathe**	detestare, aborrire, disgustarsi
• **to mention**	citare, menzionare
• **to miss**	perdere
• **to recollect**	ricordare/-rsi, rammentare/-rsi
• **to recommend**	raccomandare
• **to relish**	gustare, gradire
• **to resent**	offendersi, risentirsi
• **to resist**	resistere
• **to risk**	rischiare
• **to save**	risparmiare, salvare
• **to suggest**	suggerire
• **to understand**	capire

I don't feel like playing with you now! I'm tired. – Non ho voglia di giocare con te adesso! Sono stanca.

They avoided telling her the truth. – Hanno evitato di dirle la verità.

Il gerundio segue le preposizioni, i verbi fraseologici e i verbi seguiti da preposizioni.

Since he took up preparing exotic meals he spends every Sunday in the kitchen. – Da quando si diletta a preparare piatti esotici, trascorre tutte le domeniche in cucina.

They prevented him from being fired. – Hanno impedito che venisse licenziato.

Il gerundio segue, inoltre, i verbi che esprimono:

- **idea di continuazione o arresto**: *to carry on* (continuare a), *to delay* (rimandare), *to stop* (smettere), *to finish* (finire), *to keep (on)* (continuare), *to postpone* (rimandare), *to resume* (riassumere), to *put off* (rinviare) e altri;

  Please, carry on reading. – Per favore, continua a leggere.

  Stop complaining! You have no reason to! – Smettila di lamentarti! Non ne hai motivo!

- **preferenza o gusto**: *to appreciate* (apprezzare), *to detest* (detestare), to *dislike* (disgustare), *to enjoy* (godere), *to fancy* (gradire/piacere), *(don't) mind* (non importare), *(can't) stand/bear* (non sopportare), *to tolerate* (tollerare).

  My father enjoys reading good books on holiday. – A mio padre piace leggere buoni libri in vacanza.

  I can't stand going out when it rains. – Non sopporto di uscire quando piove.

4.12.3 Infinito o gerundio

Sono seguiti dall'infinito o dal gerundio:

- **verbi che non cambiano significato**: *to attempt* (tentare), *(can't) bear* (non sopportare), to *cease* (smettere), to *continue* (continuare), *to start* (cominciare), *to intend* (intendere), *to advise*[1] (consigliare), *to allow*[1] (permettere), *to forbid*[1] (vietare), *to permit*[1] (permettere), *to recommend*[1] (raccomandare), *to propose*[1] (proporre);

  In spite of the noise the children continued sleeping/to sleep. – Nonostante il rumore i bambini continuarono a dormire.

  Doctors advise eating/to eat healthy food. – I dottori consigliano di mangiare cibi sani.

- **verbi che cambiano significato:**

  verbi che esprimono **una preferenza**, per esempio: *to hate* (odiare), *to like* (piacere), *to dislike* (disgustare), *to loathe* (detestare), *to love* (amare), *to prefer* (preferire). Quando sono seguiti dall'infinito esprimono una preferenza

[1] Quando il gerundio li segue direttamente, senza complemento di termine.

relativa a una circostanza particolare; se sono seguiti dal gerundio esprimono una preferenza generica;

I usually prefer having a shower before dinner. – Di solito preferisco fare la doccia prima di cena.
Do you prefer to have a sandwich or a salad for lunch? – Preferisci mangiare un panino o un'insalata a pranzo?

---

verbi che esprimono **un'idea di inizio/fine**: *to go on* (continuare), *to stop* (smettere/fermarsi). Quando un'azione viene interrotta per svolgerne un'altra, o un'azione diversa comincia, questi verbi sono seguiti dall'infinito; sono seguiti dal gerundio quando evidenziano la continuità di una azione o l'interruzione momentanea di un'azione;

After the break the lecturer went on to show his charts to the audience. – Dopo la pausa l'oratore continuò con il mostrare i suoi grafici al pubblico.
The lecturer went on speaking for about three hours. – L'oratore continuò a parlare per circa tre ore.
Will you really stop smoking? – Davvero smetterai di fumare?
He stopped playing the piano to answer the phone. – Smise di suonare il pianoforte per rispondere al telefono.

- **verbi particolari:**

to forget (dimenticare), *to remember* (ricordare), *to regret* (dispiacersi);

My mother has forgotten posting the letter. – Mia madre non si ricorda di avere imbucato la lettera (*to forget, to remember, to regret* + gerundio: *dimenticare, ricordare, dispiacersi* di un'azione compiuta nel passato).
My mother has forgotten to post the letter. – Mia madre si è dimenticata di imbucare la lettera (*to forget, to remember, to regret* + infinito: *dimenticare, ricordare, dispiacersi* di un'azione presente).

---

to mean (intendere);

I didn't mean to hurt you. – Non volevo ferirti. (*to mean* + infinito: *intendere*).
To be there by 9 p.m. means catching the early train. – Essere lì per le 21.00 significa prendere il primo treno (*to mean* + gerundio: *significare, comportare, implicare*).

---

to need (avere bisogno);

The house needs re-painting. – La casa ha bisogno di essere ritinteggiata (*to need* + gerundio: funzione passiva).
My family need to spend more time together. – La mia famiglia ha bisogno di trascorrere più tempo insieme (*to need* + infinito: funzione attiva).

---

to try (cercare).

I try to cut my hair but I can't. – Provo a tagliarmi i capelli ma non ci riesco (*to try* + infinito: *provare a, cercare di*).

I try cutting my hair following the latest trend. – Tento di tagliarmi i capelli secondo la nuova moda (*to try* + gerundio: *sperimentare*).

4.12.4 That + should

Sono seguiti da *that* + soggetto + *should* + base:

• **to be desirable / essential / important / necessary / vital**	essere desiderabile / essenziale / importante / necessario / vitale
• **to ask**	chiedere
• **to command**	comandare
• **to demand**	domandare
• **to insist**	insistere
• **to order**	ordinare
• **to propose**	proporre
• **to recommend**	raccomandare
• **to request**	richiedere
• **to suggest**	proporre/suggerire

It is important (that) she (should) learn to face problems. – È importante che impari ad affrontare i problemi.

I insist (that) these jobs (should) be done. – Insisto che quei lavori vengano eseguiti.

4.13 Tradurre "fare" + infinito

Se nella frase italiana l'infinito esprime una funzione passiva (per esempio: *faccio imbiancare la casa*), in inglese si usa:

• *to have/get* + oggetto o pronome personale complemento + *past participle*.

I had my house painted. – Ho fatto imbiancare la casa.

Se l'infinito esprime una funzione attiva:

• *to make* + oggetto o pronome personale complemento + base (per esprimere un'azione istintiva o un'obbligo);

You make me smile. – Mi fai sorridere.

All that smoke made my eyes water. – Tutto quel fumo mi ha fatto lacrimare gli occhi.

As Dylan had got a bad mark, his father made him study harder. – Poiché Dylan aveva preso un brutto voto, il padre lo fece/costrinse a studiare di più.

• *to let* + oggetto o pronome personale complemento + base (per significare il permesso);

My brother let me drive his car. – Mio fratello mi fa/lascia guidare la sua macchina.

• *to get* + oggetto o pronome personale complemento + infinito (per esprimere persuasione);

In the end we got him to accept the offer. – Alla fine lo abbiamo convinto a/gli abbiamo fatto accettare la proposta.

• *to ask* + oggetto o pronome personale complemento + infinito (per esprimere invito o richiesta).

I asked Juliet to take me to the station. – Ho chiesto a Juliet di accompagnarmi/Mi sono fatta accompagnare da Juliet alla stazione.

Verbi che esprimono già il significato di "fare" sono:

• **to boil**	bollire/fare bollire
• **to borrow**	dare in prestito/farsi prestare
• **to charge (for)**	fare pagare
• **to drive somebody mad/crazy**	fare impazzire q.no
• **to drop**	cadere/fare cadere
• **to fly**	fare volare
• **to grow**	crescere/fare crescere
• **to introduce**	presentare/fare conoscere
• **to keep**	tenere/fare tenere
• **to let somebody in/into/out**	fare entrare/uscire
• **to make oneself loved / understood/hated / respected**	farsi amare/capire/odiare/rispettare
• **to send (for)**	fare chiamare
• **to show**	mostrare/fare vedere
• **to show up**	fare risaltare
• **to turn up**	farsi vivo

4.14 Costruzioni idiomatiche

4.14.1 Le esclamazioni

How, what

Le esclamazioni rese in italiano con la congiunzione *che* si traducono utilizzando due possibili strutture:

• *how* + aggettivi o avverbi;

How delicious this sandwich is! – Com'è buono questo panino!

- *what a(n)* + sostantivo singolare;
  what + sostantivo plurale;
  what a lot/great deal/big quantity of + sostantivi singolari e plurali.

What a lovely child! – Che bambino adorabile!
What a lot of bright colours! – Quanti colori brillanti!

So, such

Volendo tradurre queste esclamazioni in affermazioni, con l'uso di *così, talmente*:

- *so* + aggettivi o avverbi;

This sandwich is so delicious! – Questo panino è così buono!

- *such a(n)* + sostantivo singolare/uncountable;
  such + sostantivo plurale.

He is such a lovely child! – È un bambino così adorabile!
That shirt has such bright colours! – Quella maglietta ha colori così brillanti!

Here, there

Per tradurre *ecco qui, ecco là* vengono impiegati i due avverbi *here* e *there*:

- **ecco qui**: *here* + verbo + soggetto, oppure *here* + pronome personale soggetto + verbo;

Here's your coffee. – Ecco il tuo caffè.
Here they are. – Eccoli qui.

- **ecco là**: *there* + verbo + soggetto, oppure *there* + pronome personale soggetto + verbo;

There is Miss Black. – Eccola lì Miss Black.
There she is. – Eccola lì.

- **ecco** (nell'atto di porgere qualcosa): *here it is.*

"Excuse-me, waiter? Where is my tea?" "Here it is, Sir". – "Mi scusi, cameriere! Dov'è il mio tè?" "Ecco, Signore".

4.14.2 Espressioni di uso quotidiano

I saluti

Quando ci si incontra si dice:

- Good morning/afternoon/evening/night
- Hello, Hi! (tra amici)

Quando ci si lascia si dice:

- Bye(-bye)

- Good-bye (addio definitivo)
- See you later / soon / again / tomorrow / then (*Ci vediamo dopo / presto / ancora / domani / allora*)

Le formule di presentazione

- Nice to meet you / Pleased to meet you (*Piacere di conoscerti*)
- How do you do? (più formale)
- Hi! (informale)

Le forme di cortesia

Le richieste

- May I..., please? (*Posso...?*; formale)
- Would you mind if... + simple past? (*Le dispiace se...?*; formale)
- Do you mind if ... + simple present? (*Le dispiace se...?*; informale)
- Can I...? (*Posso...?*; informale)
- Could I...? (*Potrei...?*)

Le offerte

- Would you like...? (*Vorresti...?*)
- What about...? (*Che ne dici di...?*)

Gli inviti (si veda anche § 4.8.3)

- Will you..., please?;
- Shall we...?(formale)
- What about...? (*Che ne dici di...?*)
- Why not...?(*Perché non...?*)
- Why don't we...?(*Perché non...?*)
- Let's... (imperativo; informale)

Le risposte

- Please (*Per favore*, spesso alla fine di una richiesta; *prego*: nelle offerte)
- Yes, please (*Sì, grazie*)
- Thank you / Thanks / Thanks a lot / Thank you very much (*Grazie/Grazie molte*)
- No thanks / No thank you (*No, grazie*)
- Not at all / You're welcome / It's a pleasure / That's all right (*Prego*)
- Not in the least / Not in the slighest (*Per niente / Affatto*)

Gli appellativi

Signore, Signora e Signorina si traducono:

- davanti a un nome proprio: *Mr* Smith, *Mrs* Smith, *Miss* Smith, *Ms* Smith;
- in assenza del nome proprio (vocativo): *Sir, Madam, Miss*;
- in riferimento a una persona con la quale non si sta parlando: *gentleman / man, lady / woman, young lady / girl.*

Gli auguri

Per augurare un buon divertimento o fare una raccomandazione:

- Have a nice weekend/holiday/trip/…! (*Buon fine settimana/vacanza/viaggio…*)
- Have a great/nice time! (*Divertiti!*)
- Enjoy yourself! (*Divertiti!*)
- I wish you a… (*Ti auguro un…*)

La richiesta di informazioni

- What is/are your name/surname/address/telephone number/… ? (*Qual è il tuo nome/cognome/indirizzo/numero di telefono/…?*);
- How are you? (*Come stai?*)

  (I'm) fine, thank you (*Bene, grazie*) – Very well, thanks (*Molto bene, grazie*) - Not (so) bad, thanks (*Non c'è male, grazie*) – Very bad (*Molto male*)
- How old are you (*Quanti anni hai?*)

Dare indicazioni

Alla richiesta di informazioni sulla posizione geografica di un luogo, si risponde avvalendosi delle seguenti espressioni:

- Go straight on as far as… (*Vada dritto fino a…*)
- Turn right/left into… Street (*Giri a destra/sinistra in via…*)
- Walk along the street/river/lake (*Costeggi la strada/fiume/lago*)
- Go under/past/along/over (*Passi sotto/oltre/lungo/sopra*)
- At the traffic lights / roundabout / junction / crossroads (*Al semaforo / rotonda / bivio / incrocio*)
- Cross the street (*Attraversi la strada*)
- On your right/left (*Alla sua destra/sinistra*)
- On the corner of (*All'angolo di*)
- At the end/top/bottom of (*Alla fine/in cima/in fondo a*)
- In the middle of (*In mezzo a*)
- In front of (*di fronte a*).

4.14.3 I verbi: particolarità

Si riportano, di seguito, alcune espressioni idiomatiche con i verbi *to be, to have, to do, to make, to say, to tell, to get, to use, can.*

To be

- **Ain't** (piuttosto informale): corrisponde a *am not, are not, is not, have not, has not*;

  I ain't got any more money. – Non ho più soldi.

- **to be about to/going to/on the point of/on the verge of**: *stare per*;

  ☞ **They are about to go out.** – Stanno per uscire.

- **to be allowed/permitted to**: *essere autorizzato a/avere il permesso di*;

  ☞ **You are not allowed to smoke in this office.** – Non hai il permesso di fumare in questo ufficio.

- **to be likely/unlikely to**: vengono usati al posti di *may* e *might* per esprimere probabilità o per enfatizzare il concetto; possono anche avere la forma impersonale con *it*;

  ☞ **We are unlikely to win the championship.** – È improbabile che vinciamo il campionato.

- **to be no use/useless/no good**+ -ing (alla forma impersonale): *non servire, essere inutile*;

  ☞ **It's no use crying now.** – Non serve a niente piangere adesso.

- **to be supposed to**: supporre che, essere previsto che, prevedere;

  ☞ **When you have dinner in a Chinese restaurant, you are supposed to use chopsticks.** – Quando ceni in un ristorante cinese si suppone che mangi con le bacchette.

- **to be used/accustomed to** + -ing/sostantivo: *essere abituato a*;

  ☞ **Don't be surprised!: he is used/accustomed to drinking so much.** – Non sorprenderti: è abituato a bere così tanto.

- **to be worth** + -ing: *valere la pena, meritare di*;

  ☞ **That old cathedral is worth visiting.** – Quella vecchia cattedrale merita di essere visitata.

- **there is, there are**: *c'è, ci sono*;
- **to be hungry, thirsty, cold, hot, sleepy**: avere fame, sete, freddo, caldo, sonno; **to be afraid, ashamed, in a hurry, right, wrong**: avere paura, vergogna, fretta, ragione, torto.

To have

Nel British English il verbo *to have*, con il significato di *possedere*, si traduce *to have got*; nell'American English *to have* è un verbo che si comporta come gli altri e forma le interrogative e le negative con gli ausiliari *do/does/did*;

Have you got any cigarettes, please? – Hai una sigaretta, per favore? (B.E.)

Do you have any cigarettes, please? – Hai una sigaretta, per favore? (A.E.)

---

il verbo *to have* può essere seguito da un sostantivo per riferirsi a un'attività, traducendo il verbo *fare* usato in italiano. Ecco alcune espressioni:

to have breakfast	fare colazione
to have lunch	pranzare
to have dinner/supper	cenare
to have tea	bere un tè
to have a break	fare una pausa
to have a meal	pranzare
to have a drink	bere qualcosa
to have a bath/shower/wash	farsi un bagno, la doccia, lavarsi
to have a sleep/nap/rest/dream	dormire, fare un riposino, una pausa, un sogno
to have a talk/chat/quarrel/ conversation	discutere, chiacchierare, litigare, conversare
to have a look/glance	dare un'occhiata
to have a walk/swim	fare una passeggiata, una nuotata:

What about having a walk on the beach after lunch? – Che ne dici di farci una passeggiata sulla spiaggia dopo pranzo?

To do

Spesso gli italiani confondono *to do* e *to make* nell'uso; ecco le espressioni più comuni che vogliono il verbo *to do*:

• **to do a favour**	fare un favore
• **to do an exercise**	fare un esercizio (senza l'articolo significa fare esercizio fisico)
• **to do away with**	eliminare
• **to do business**	fare affari, essere in affari
• **to do good/harm**	fare del bene/male
• **to do justice**	fare giustizia
• **to do one's best/duty**	fare del proprio meglio/il proprio dovere
• **to do ones'homework**	fare i compiti
• **to do the cooking/dishes/housework/ ironing/washing/ washing-up/shopping**	cucinare, lavare i piatti, i mestieri di casa, stirare, lavare i panni, lavare i piatti, fare la spesa

To make

To make si distingue da *to do* poiché denota un'attività materiale, concreta, oppure non abituale o non di routine:

• **to make the beds**	rifare i letti
• **to make a choice**	fare una scelta
• **to make a discovery**	fare una scoperta
• **to make a fortune/money**	fare fortuna, soldi
• **to make a living**	guadagnarsi da vivere
• **to make a mess**	fare confusione
• **to make a mistake**	fare un errore
• **to make a promise**	fare una promessa
• **to make a request**	fare una richiesta
• **to make a speech**	fare un discorso
• **to make an agreement**	fare un accordo
• **to make an effort**	fare uno sforzo
• **to make an enquiry**	fare un'inchiesta
• **to make an offer**	fare un'offerta
• **to make arrangements/plans**	predisporre, fare programmi
• **to make friends**	fare amicizia
• **to make fun**	prendere in giro
• **to make noise**	fare rumore
• **to make peace/war**	fare pace, la guerra
• **to make room**	fare posto
• **to make sure**	assicurarsi
• **to make up one's mind**	decidersi

To say

• **to say hello/goodbye**	salutare
• **it goes without saying**	ovviamente
• **that is to say**	cioè

To tell

• **to tell a lie**	dire una bugia
• **to tell the truth/time/difference**	dire la verità/l'ora/la differenza

To get

- **To get + past participle** (traduce la forma passiva di un verbo);

The window got broken because you left it open on this windy day. – La finestra si è rotta perché l'hai lasciata aperta in questa giornata ventosa.

At 7 o'clock in the morning Brandon wakes up, gets washed and gets dressed to go to work. – Alle 7 del mattino Brandon si alza, si lava e si veste per andare a lavoro.

- **to get + adjective**: *diventare;*

She usually gets pale and faints when she sees some blood. – Di solito diventa pallida e sviene quando vede del sangue.

- **to get used to** + *ing form*: *abituarsi a.*

My grandfather can't get used to living in town. – Mio nonno non riesce ad abituarsi a vivere in città.

To use

- **Used to**: si usa per introdurre un'azione che nel passato veniva svolta abitualmente.

Before buying a flat near the office he used to have lunch in the canteen at work. – Prima di comprare un appartamento vicino all'ufficio pranzava in mensa al lavoro.

Can

- **Can't help** + gerundio: *non potere fare a meno di*;

As soon as Mrs Fred meets me, she can't help taking me in her arms. – Non appena Mrs Fred mi incontra, non può fare a meno di abbracciarmi.

- **can't do without** + sostantivo: *non poter stare senza/non potercela fare*;

I can't do without a cup of coffee in the morning. – Non posso farcela senza una tazza di caffè al mattino.

- **can't afford** + sostantivo/infinito: *non potersi permettere*;

Mike said that he wouldn't leave for Paris with us because he couldn't afford it. – Mike disse che non sarebbe potuto partire con noi per Parigi perché non poteva permetterselo.

- **can't stand/bear/take** + gerundio/sostantivo: *non sopportare.*

I can't stand my niece: she is so naughty! – Non sopporto mia nipote: è così capricciosa!

5 APPENDICE

5.1 Verbi irregolari

Nella tabella seguente è riportato il paradigma dei verbi irregolari più comuni.

INFINITIVE	SIMPLE PAST	PAST PARTICIPLE	TRADUZIONE
to arise	arose	arisen	suscitare, causare, provocare
to awake	awoke	awoken	svegliare
to be	was/were	been	essere
to bear	bore	borne/born	sopportare, portare
to become	became	become	diventare
to begin	began	begun	cominciare, iniziare
to blow	blew	blown	soffiare
to break	broke	broken	rompere
to bring	brought	brought	portare
to build	built	built	costruire
to buy	bought	bought	comprare
to catch	caught	caught	catturare, prendere
to choose	chose	chosen	scegliere
to come	came	come	venire
to cut	cut	cut	tagliare
to deal	dealt	dealt	trattare
to do	did	done	fare

INFINITIVE	SIMPLE PAST	PAST PARTICIPLE	TRADUZIONE
to drink	drank	drunk	bere
to drive	drove	driven	guidare
to eat	ate	eaten	mangiare
to fall	fell	fallen	cadere
to feel	felt	felt	provare, sentire
to fly	flew	flown	volare
to find	found	found	trovare
to forbid	forbade	forbidden	proibire
to forget	forgot	forgotten	dimenticare
to get	got	got	ottenere, diventare
to give	gave	given	dare
to go	went	gone	andare
to grow	grew	grown	crescere
to have	had	had	avere
to hear	heard	heard	sentire
to hold	held	held	tenere, stringere
to keep	kept	kept	tenere, mantenere
to know	knew	known	conoscere, sapere
to lay	laid	laid	posare, deporre
to learn	learnt	learnt	imparare
to leave	left	left	partire, lasciare

INFINITIVE	SIMPLE PAST	PAST PARTICIPLE	TRADUZIONE
to lend	lent	lent	prestare
to let	let	let	lasciare
to lie	lay	lain	giacere
to lose	lost	lost	perdere
to make	made	made	fare
to meet	met	met	incontrare
to put	put	put	mettere
to read	read	read	leggere
to run	ran	run	correre
to say	said	said	dire
to see	saw	seen	vedere
to sell	sold	sold	vendere
to send	sent	sent	spedire, inviare
to show	showed	shown	mostrare
to sing	sang	sung	cantare
to sit	sat	sat	sedersi
to speak	spoke	spoken	parlare
to spell	spelt	spelt	compitare
to stand	stood	stood	stare in piedi
to steal	stole	stolen	rubare
to swear	swore	sworn	giurare, bestemmiare

INFINITIVE	SIMPLE PAST	PAST PARTICIPLE	TRADUZIONE
to swim	swam	swum	nuotare
to take	took	taken	prendere
to think	thought	thought	pensare
to understand	understood	understood	capire
to wake	woke	woken	svegliare, svegliarsi
to win	won	won	vincere
to write	wrote	written	scrivere

5.2 Phrasal Verbs

Di seguito sono riportati alcuni verbi fraseologici di uso comune, con le relative traduzioni. Tuttavia, poiché i significati sono diversi e variano in base al contesto, si raccomanda di verificare sempre sul dizionario l'uso corretto del verbo.

TO BE	
to be about	stare per
to be in with	avere un rapporto con q.no
to be off	andarsene, andare, sospendere
to be up to	spettare a, stare a
TO BREAK	
to break down	abbattere, demolire, analizzare
to break in	fare irruzione
to break off	interrompersi, separarsi
to break out	scoppiare
to break through	sfondare, penetrare
to break up	sciogliere, dividere, smantellare
TO BRING	
to bring about	causare
to bring down	abbattere, ridurre
to bring forward	anticipare, mostrare
to bring in	introdurre, fruttare, guadagnare
to bring on	provocare
to bring out	portare alla luce, mettere in evidenza
to bring round	persuadere

TO CALL	
to call after	dare il nome di
to call for	esigere, necessitare
to call in	far venire in aiuto
to call off	cancellare, sospendere
to call on	rivolgersi a, visitare
TO COME	
to come across	imbattersi, incontrare per caso
to come down	scendere, diminuire. calmarsi, tramandare
to come forward	farsi avanti
to come in	entrare, entrare in vigore, salire al governo
to come off	staccarsi da, avere luogo, cadere, smettere
to come out	uscire, venire fuori
to come out with	rivelare
to come through	riuscire, superare
to come up	venire fuori, saltare fuori
to come up with	offrire, fornire
TO FALL	
to fall back	ritirarsi, indietreggiare
to fall down	cadere, crollare
to fall off	diminuire
to fall out	verificarsi, accadere
TO GET	
to get about	andare in giro
to get around	aggirare, evitare
to get at	arrivare a, corrompere, criticare
to get away	fuggire
to get back	ritornare, restituire
to get by	passare
to get down	mandare giù, demoralizzare, ridurre, criticare
to get into	salire su un veicolo, appassionarsi, abituarsi a
to get off	scendere da un veicolo, uscire, cavarsela
to get on with	andare d'accordo con
to get over	guarire, superare

TO GIVE	
to give away	distribuire, assegnare, svelare, sprecare
to give back	restituire
to give in	cedere
to give out	annunciare, esaurirsi, finire, soccombere, cadere
to give up	arrendersi, rinunciare
TO GO	
to go about	andare in giro
to go after	inseguire
to go along with	andare d'accordo con
to go away	andarsene
to go back	tornare
to go by	trascorrere, passare
to go down	crollare, soccombere
to go for	attaccare, preferire
to go on	proseguire, continuare
TO LOOK	
to look after	badare, accudire
to look at	guardare
to look forward to	non vedere l'ora di
to look into	studiare a fondo, esaminare
to look out	fare attenzione, guardarsi da
to look through	esaminare
to look up	migliorare, guardare con ammirazione, cercare
TO MAKE	
to make off	fuggire, scappare
to make out	compilare, riempire, decifrare, capire
to make up	inventare, truccare, preparare, comporre
TO PULL	
to pull away	allontanare, trascinare via
to pull down	abbassare, tirare giù, deprimere, demoralizzare
to pull in	guadagnare, trattenere, fermarsi
to pull out	tirarsi fuori, estrarre
TO PUT	
to put down	annotare, reprimere, abbattere un animale, mortificare
to put off	rimandare, sbarazzarsi di, scoraggiare, dissuadere
to put on	indossare, assumere (un atteggiamento)
to put up	costruire, erigere